U0731895

创客空间丛书

郑剑春 主编

爱创家课程

（第一册）

清华大学出版社

北 京

内 容 简 介

爱创家课程集电子、计算机、机械等学科为一体,以实践为主,通过师生互动、团队合作,使学生提高动手能力和创新能力,增强技术素养和实践应用能力,同时可以使学生领略新技术,实践新技术,为今后的发展打下良好的基础。

本书为该课程的学生学习手册。根据北京市开放实践活动课程的要求,书中设计了多个栏目,如学习目标、课前准备、器材清单、实践过程、拓展提高、分享交流、知识汇总、整理教具等,同学们可以在本书的指导下,完成各种丰富的搭建活动。

本书及配套学习视频(通过扫描二维码下载)适用于中小学生创客活动,也可作为中小学、培训机构的相关课程教材。

图书在版编目(CIP)数据

爱创家课程. 第一册/郑剑春主编. —北京:清华大学出版社,2016
(创客空间丛书)
ISBN 978-7-302-44317-9

Ⅰ. ①爱… Ⅱ. ①郑… Ⅲ. ①机器人—制作—中小学—教材 Ⅳ. ①G634.931

中国版本图书馆 CIP 数据核字(2016)第 164515 号

责任编辑:帅志清
封面设计:刘　莹
责任校对:李　梅
责任印制:沈　露

出版发行:清华大学出版社
　　　　网　　　址:http://www.tup.com.cn,http://www.wqbook.com
　　　　地　　　址:北京清华大学学研大厦 A 座　　　　　　邮　　编:100084
　　　　社 总 机:010-62770175　　　　　　　　　　　　　　邮　　购:010-62786544
　　　　投稿与读者服务:010-62776969,c-service@tup.tsinghua.edu.cn
　　　　质量反馈:010-62772015,zhiliang@tup.tsinghua.edu.cn
印 装 者:北京亿浓世纪彩色印刷有限公司
经　　销:全国新华书店
开　　本:185mm×260mm　　　印　　张:7.25　　　字　　数:129 千字
版　　次:2016 年 9 月第 1 版　　　　　　　　　　　印　　次:2016 年 9 月第 1 次印刷
印　　数:1~2000
定　　价:36.00 元

产品编号:070122-01

序

✚

　　创客活动目前为社会各界所推崇,这不仅来源于政府的提倡,也是社会发展的客观要求。在这一大趋势下,中国教育无疑首当其冲,受到巨大的影响。事实上,教育界对创客活动的重视更多来自于自身的需求,这既有教育发展的历史因素,也有现实的原因。目前,很多学校都将创客教育列入学校发展的计划中,但是什么是创客教育? 如何开展创客教育? 开设什么样的课程? 是让很多学校的教师困惑的。我们认为:创客教育是创客活动与教育的结合,是以项目学习的方式,在活动中发现学生的兴趣和潜力并加以培养;在活动中提倡使用工具进行制作,鼓励分享,培养跨学科解决问题能力、团队协作能力和创新能力的过程(教育)。

　　人们对中国学生的批评往往是动手能力不强,没有想法,不会提出问题,缺乏独立思考能力。几年来我们一直在中学开设机器人课程。人们常会问,为什么要开设这样一门课程? 这一课程对学生有哪些帮助? 这些问题对于我们开发的所有课程都是要认真回答的。为什么开设机器人课程可以讲出很多的理由,我认为很重要的一点就是,通过学习这些课程,学生可以体会到自己能力的提高,完成以前需要专业知识来完成的任务。正如一个小孩,当他将手中的皮球抛出时,他会感受到自己的力量。学生通过这些课程会获得新的体验,这是他们在传统学科中难以获得的经验,让他们在这些学习中发现自身的潜力,相对于知识与分数对他们的影响会更多。我认为,中学机器人教育不是专业的教育,而是普及性的、是学习工具的使用,因为只有掌握这些工具,当我们有想法时才会知道如何去实现这一想法。机器人引入学校教育中,每年都会产生众多与之有关的创新作品，这就是一个很伟大的成就。

因此，我们可以认为，学生面临的问题不是没有想法，而是如何更好地实现他们的想法；学生缺乏的是没有可以帮助他们解决问题的课程，而不是没有创作的灵感。大匠可以授人以规矩，而不能授人以巧。脱离学生解决问题能力，谈想法、谈创新是没有用的。规矩者，解决问题之方法也。

近年来，由于大力提倡素质教育与课程改革，很多学校重视选修与校本课程中科技内容的教学，在小学就有动手制作的课程，在初中、高中有创新实践等内容。有些学校更是增加了学生实验的内容，或是开发了一些益智课程。同时，各学校普遍开设了机器人课程，这些课程的开设无疑得到了学生家长的大力支持，受到了学生的欢迎。但是随着实践的深入，特别是社会上一些培训机构的加入，我们感到有必要对这些课程进行分析与反思，这些课程虽然为学生带来了新的体验，但是内容是否适合学生需求、有益于学生的发展呢？同时，希望能与大家进行讨论：什么是培养创新能力的课程？

我们认为创客课程应该具有以下特点。

1. 普及性

创客教育中，知识性内容不是学习的目的。正如在中小学讲计算机，我们只是将它当成一个工具，只要学会使用计算机去进行各种工作即可，没必要了解 CPU 如何工作，内存起到什么作用。创客教育同样不是精英教育，不是专业教育，而是面向全体学生的普及教育。创客教育是为了让学生有想法时，可以借助自己已有的能力来实现这一想法。

创客教育是要让学生在项目学习中发现他们的兴趣并加以培养，使他们的潜力得以发挥，而不是专业化的培养，更不是特殊技巧性的训练。自主的项目式学习、团队协作的方式，不仅可以在学习中充分发挥学生学习的主动性，使学生真正成为学习的主体，而且可以让他们学会合作、学会分享，形成一个创新、制作的文化环境。学生可以因成功而提升信心，可以面对挑战而承担不足，从而对性格等非智力因素也是一个塑造过程。

2. 工具性

通过课程学习可以增强学生的动手能力，可以解决实际问题。这也可以解释为什么开源硬件和软件在目前的创客教育课程中成为主角。因为开源的教具价格便宜，并且可以有更广泛的实际应用，在各种创作中并不需要过多的专业知识就可制成作品，是跨学科应用或艺术创作的最佳选择。

3. 开放性

创客课程可以覆盖很广泛的内容。它可以与各学科的内容相结合，在各学科的研究中以此为工具进行创新活动。目前应用比较成熟的学科有物理、数学、通用技术、程序设计、语文等。适用人群范围从小学到大学、研究生等。通过这一工具，每一年龄段的学生都可找到与他们的接受能力、智力发展相适应的课程，并通过"玩"的过程获得知识与能力的拓展。因此与各学科教学相比较，创客课程可以是真正意义上的开放性学科，充分体现了信息时代的特点。学生的知识来源更为广泛，信息获取的渠道呈现多样化发展，它们对于教育的影响，更是日益明显。在这一学科中，有经验的教师不再是教学的引领者，而是课堂的设计者、学生的指导者。可以根据学生的不同水平、爱好和兴趣，为他们量身定制课堂。学生真正成为学习的主人，他们的学习进度可以根据自身的理解能力、动手实践能力而有所不同。

这也是我们编写《创客空间丛书》的一个标准。《创客空间丛书》是由爱创家创客教育(北京万菱科技有限公司)团队开发的创客课程，这一课程在中央电视台新科动漫频道播出后广受关注，为适应全国各地教师开展创客活动的需要，现将这一课程整理出版。丛书采用视频与书本结合的形式，循序渐进，适合各层次学生学习。

《创客空间丛书》可以作为中小学开展创客活动的教材，通过自学或班级授课的方式让学生获得所需的知识与技能。所附视频课程由全国著名的创客教师亲自讲授，也让学生有机会一睹创客的风采。这些课程不同于以往的课程形式，为创客课程的开发做了有益的探索。我们将陆续推出新的课程，以满足读者对创客活动的需求，将新的技术介绍给大家，搭建一个从科学到创新的桥梁。

丛书编委会
2016 年 6 月

前　言

創客，源自英文单词"Maker"或"Hacker"，发源于美国麻省理工学院（MIT）比特和原子研究中心（CBA）发起的 Fab Lab（个人制造实验室），为实现创新提供了平台，使得发明创造不再受地点和人群的限制，从而掀起个人设计和制造的浪潮。创客本身的概念外延很广，有着多元化的内涵，可以从狭义和广义两个层面去理解。狭义上的创客，是指那些酷爱科技、热衷实践、乐于分享，努力把各种创意转变为现实的人；广义上的创客，是指有创意并且能够付诸实践进行创新的人。在今天，凡是参与"大众创业，万众创新"的人都是创客。当创客文化与传统教育相遇，所谓"创客教育"便应运而生。可以说，创客教育是集创新教育、体验互动、项目学习、任务分解、交流分享等要素为一体，契合青少年富有好奇心和创造力天性的一种全新的教育模式。它区别于对一般"造物者"的培养，主要以课程为载体，并借助青少年智能可视化编程创新教育平台，通过融汇运用国际 STEAM 创新教育理念（涵盖科学、技术、工程、艺术、数学五门学科）、设计思维及 TRIZ 理论，培养中国青少年的想象力、创造力以及解决问题的能力。

本书基于爱创家创客教育系列课程在近 100 所学校开课、优化、迭代、整理而成，由郑剑春任主编，参加编写的人员有沈耘、朱其罡、张强、龚剑、姜兆宇等。在编写过程中，得到了刘玉田、吴俊杰、刘文勇、刘杰平等一线教师的帮助，学生们上课时的热情和良好反馈也让编者备受鼓舞，在此向他们表示感谢。

由于水平所限，书中难免存在疏漏和不足，恳请广大读者批评指正。

编　者

2016 年 5 月

目　录

第1课　yo-yo球 ………………………………… 1

第2课　简易三轮车 …………………………… 4

第3课　秋千笔筒、陀螺与桌椅 ……………… 7

第4课　单臂投石车与双臂投石车 …………… 14

第5课　天平 …………………………………… 21

第6课　双电动机驱动三轮车 ………………… 25

第7课　足球机器人 …………………………… 28

第8课　传送带与电动转椅 …………………… 32

第9课　电动螺丝刀 …………………………… 39

第10课　坦克与自动运行的螺丝刀 ………… 43

第11课　变形坦克 …………………………… 49

第12课　走出迷宫 …………………………… 53

第13课　车辆控制 …………………………… 57

第14课　iBlockly控制多个电动机 ………… 61

第15课　声光的输出 ………………………… 65

第16课　车辆上声光的输出 ………………… 69

第17课　制作弩机和用iBlockly编程控制

弩机 ………………………………… 72

第 18 课　制作泡泡机和用 iBlockly 编程控制泡泡机 …………………………………… 77

第 19 课　画画机器人 ………………………………………………………………………… 83

第 20 课　运输机器人和用 iBlockly 编程控制运输机器人 …………………………… 87

第 21 课　相扑机器人和用 iBlockly 编程控制相扑机器人 …………………………… 93

第 22 课　制作相扑运输机器人 …………………………………………………………… 99

第 23 课　相扑运输机器人比赛 …………………………………………………………… 102

第 ① 课

yo-yo 球

↑ 学习目标

(1) 了解创客概念,熟悉套件;

(2) 通过创意搭建,掌握基本套件的搭建方法;

(3) 通过创意搭建,培养学习兴趣,提高观察问题和发现问题的能力。

📖 课前准备

能量是与物体运动有关的物理量。不同的运动形态对应着不同的能量形式。

(1) 你知道哪些能量呢?

(2) 能量能否相互转化? 请根据下方的提示再举一个例子。

例如,风车发电就是风能转化为电能。

器材清单

请你对照零件图册,找到以下零件,有顺序地放好,并熟悉与识记。课程所用器材如表 1-1 所示。

表 1-1　课程所用器材

序号	名　称	数目	序号	名　称	数目
1	法兰轴承	2	6	传动固定盘 4mm	4
2	半螺纹轴	2	7	同步轮	4
3	无头六角螺钉	4	8	直角支架	1
4	L 形六角扳手 1.5	1	9	螺钉 M4×14	若干
5	棉线	1			

实践过程

　　大部分同学都玩过一种玩具——yo-yo 球，yo-yo 球运动过程中，也蕴含着能量转化，现在我们就一起制作 yo-yo 球。请在下方空白处简要画出你的设计图，写出你的设计思路。（可参考图 1-1 所示结构进行设计，也可参考教学视频。）

图 1-1　yo-yo 球实物

1. 你的设计图

2. 你的制作设计思路

拓展提高

　　较简单的 yo-yo 球已经制作完成，现在大家想一想如何让你的 yo-yo 球变得更好玩。下面给大家时间自己创作一个可以睡眠的 yo-yo 球。

🔄 分享交流

1. 制作 yo-yo 球后，你总结出了哪些搭建经验？

2. 在制作中，你遇到了哪些问题？你是如何解决的？

✖️ 知识汇总

1. **yo-yo 球的运动过程中，具有哪两种能量？**

　　动能：运动的物体所具有的能量叫作动能。

　　重力势能：被举高的物体所具有的能量叫作重力势能。

2. **在 yo-yo 球运动的过程中，这两种能量是怎样体现的呢？**

　　当 yo-yo 球的轴缠满绳子，使 yo-yo 球上升到一定高度时，便储蓄一定的重力势能。当 yo-yo 球被松开，开始旋转下降时，yo-yo 球的重力势能随之逐渐减小，而动能逐渐变大。当悬线完全松开，yo-yo 球不再下降时，动能最大。由于 yo-yo 球仍继续旋转，使它又开始缠绕悬线上升。在 yo-yo 球上升的过程中，动能逐渐减小，重力势能逐渐增加。当上升到接近原来的高度时，动能为零，重力势能最大。如果没有任何阻力，yo-yo 球每次上升的高度都相同，说明 yo-yo 球的重力势能和动能在相互转化过程中，机械能的总量保持不变。

📝 整理教具

　　课程结束前，能否将零件分类并收归到指定位置，是检验你可否成为一个小创客的标准之一，同学们可以开始收捡教具了。（10 分钟之内收捡完毕，请记录你的收捡时间和情况，例如，如何分类、是否遗失了零件等。）

第 ② 课
简易三轮车

⌂ 学习目标

（1）掌握各配件组装方法，用简单的配件制作简易的三轮车，熟悉中控板；

（2）通过创意搭建，掌握基本套件的搭建方法；

（3）通过制作简易装置，培养对创客课程的兴趣。

📖 课前准备

（1）你见过什么车？

（2）基本车辆的结构是什么？

▦ 器材清单

请你对照零件图册，找到以下零件，有顺序地放好，并熟悉与识记。课程所用器材如表 2-1 所示。

表 2-1　课程所用器材

序号	名　　称	数目	序号	名　　称	数目
1	中控板	1	7	锂聚合物电池	1
2	双孔梁 0824—144	1	8	通用电动机连接线	2
3	无头六角螺钉	4	9	螺钉 M4×8	若干
4	万向轮	1	10	螺钉 M4×20	若干
5	螺母 M8	1	11	单通六角螺钉	若干
6	亚克力板 70mm×50mm	1	12	L 形六角扳手 1.5	1

续表

序号	名　　称	数目	序号	名　　称	数目
13	十字螺丝刀	1	22	接线端子	2
14	L形六角扳手2.5	1	23	塑胶垫片	2
15	带外壳5V直流电动机	1	24	螺钉M4×14	若干
16	同步轮	2	25	螺母M4	若干
17	传动固定盘4mm	2	26	双通六角螺钉	若干
18	鳄鱼夹	2	27	内六角螺丝刀	1
19	支架P3	1	28	单头扳手	1
20	轮胎	2	29	扎带	2～3
21	亚克力板103mm×90mm	1			

🔨 实践过程

下面要制作一辆简易三轮车,请发挥你的想象力与创造力,搭建出一辆美观实用的三轮车。请在下方空白处简要画出你的设计图,写出你的设计思路。(可参考图 2-1 所示车体结构进行设计,也可参考教学视频。)

图 2-1　车体参考结构

1. 你的设计图

2. 你的搭建设计思路

拓展提高

　　测试简易三轮车是否能够顺畅地运动，轮子是否可以正常前进、后退和转弯。如果不能，想办法调整和改进你的三轮车，以达到最佳效果。

分享交流

1. 在制作过程中你遇到了哪些问题？你是如何解决的？

2. 请评价一下你的三轮车，说一说它的优点以及可以改进的地方。

知识汇总

1. 你见过什么车？

　　汽车、火车、摩托车、自行车、电动车。

2. 基本车辆的结构是什么？

　　汽车主要借助自身动力来为装置驱动。汽车一般由发动机、底盘、车身和电气设备四个基本部分组成。

整理教具

　　课程结束前，能否将零件分类并收归到指定位置，是检验你可否成为一个小创客的标准之一，同学们可以开始收捡教具了。（10 分钟之内收捡完毕，请记录你的收捡时间和情况，例如，如何分类、是否遗失了零件等。）

第 ③ 课

秋千笔筒、陀螺与桌椅

一、秋千笔筒、陀螺

🎯 学习目标

（1）熟练使用螺钉、螺母、螺丝刀等工具；

（2）熟练使用各种零件，为以后课程打基础；

（3）通过制作基础结构，体会创客的创作模式。

📖 课前准备

（1）老师遇到一个问题，家中家具的螺钉松了，老师应该怎么办呢？

（2）点名游戏：

① 分辨不同类型的螺丝刀和螺钉，它们的名称是什么？又是如何使用的呢？

② 老师随意念出一个零件的名字，看谁反应最快！学生听到指令后拿起零件快速举手示意，由其他学生判断正误。

🔡 器材清单

请你对照零件图册，找到以下零件，有顺序地放好，并熟悉与识记。课程所用器材如表 3-1 和表 3-2 所示。

表 3-1　课程所用器材——秋千笔筒

序号	名　称	数目	序号	名　称	数目
1	双孔梁 0824—128	2	12	同步轮	4
2	双孔梁 0824—144	2	13	圆形亚克力板	1
3	无头六角螺钉	4	14	直角支架	1
4	直角支架	1	15	轮胎	2
5	亚克力板 70mm×50mm	2	16	亚克力板 103mm×90mm	2
6	螺钉 M4×8	若干	17	螺钉 M4×14	若干
7	螺钉 M4×20	若干	18	螺母 M4	若干
8	单通六角螺钉	若干	19	双通六角螺钉	若干
9	3×6 连接片	1	20	内六角螺丝刀	1
10	L 形六角扳手 1.5	1	21	单头扳手	1
11	L 形六角扳手 2.5	1	22	棉线	1

表 3-2　课程所用器材——陀螺

序号	名　称	数目	序号	名　称	数目
1	螺钉 M4×8	4	5	传动固定盘	1
2	无头六角螺钉	1	6	同步轮	2
3	轴套	1	7	法兰轴承	2
4	半螺纹轴	2			

实践过程

　　说到螺丝刀，大家都非常熟悉，有不少同学用过，大家可能会认为使用螺丝刀很容易，其实不然。没有经过正规培训的人员，常因为不能正确使用螺丝刀导致螺丝刀、螺钉损坏，甚至使自己受伤。创客课程中会经常用到螺丝刀、螺钉等，下面就学习如何正确使用螺丝刀及其他工具。

　　我们通过搭建一个秋千笔筒去熟悉工具的使用方法和技巧。请在下方空白处简要画出你的设计图，写出你的设计思路。（可参考图 3-1 中的结构进行设计，也可参考教学视频。）

图 3-1　秋千笔筒参考结构

1. 你的设计图

2. 你的搭建设计思路

🔶 拓展提高

　　你能否用手中的工具和零件制作一个可以转动起来的陀螺呢？现在马上试一试吧！制作完成后，比一比谁的陀螺转动的时间最长。

🔄 分享交流

1. 在制作过程中你遇到了哪些问题？你是如何解决的？

2. 请评价一下你的秋千笔筒，说一说它的优点以及可以改进的地方。

✛ 知识汇总

螺丝刀的使用技巧和注意事项如下（可用螺丝刀演示下面个别情况，让讲解更加直观）。

（1）使用时，不可用螺丝刀当撬棒或凿子使用。

（2）在使用前应先擦净螺丝刀柄和口端的油污，以免工作时滑脱而发生意外，使用后也要擦拭干净。

（3）正确的方法是以右手握持螺丝刀，手心抵住柄端，让螺丝刀口端与螺栓或螺钉槽口处于垂直吻合状态。

（4）当开始拧松或最后拧紧时，应用力将螺丝刀压紧后再用手腕力扭转螺丝刀；当螺栓松动后，即可使手心轻压螺丝刀柄，用拇指、中指和食指快速转动螺丝刀。

（5）选用的螺丝刀口端应与螺栓或螺钉上的槽口相吻合。螺丝刀口端太薄易折断，太厚则不能完全嵌入槽内，易使刀口或螺栓槽口损坏。

（6）螺丝刀是一种用于拧紧或拧松带有槽口的螺栓或螺钉的手用工具。有一字形螺丝刀、十字形螺丝刀、偏置螺丝刀等。

✍ 整理教具

课程结束前，能否将零件分类并收归到指定位置，是检验你可否成为一个小创客的标准之一，同学们可以开始收捡教具了。（10分钟之内收捡完毕，请记录你的收捡时间和情况，例如，如何分类、是否遗失了零件等。）

二、桌　　椅

◬ 学习目标

（1）熟练使用螺钉、螺母、螺丝刀等工具；

（2）熟练使用各种零件，为以后课程打基础；

（3）通过制作基础结构，体会创客的创作模式。

📖 课前准备

回顾与拓展知识：①螺丝刀的使用技巧和注意事项；②零件与零件之间的组合特点和方法；③螺丝刀的种类。

📑 器材清单

请你对照零件图册，找到以下零件有顺序地放好，并熟悉与识记。课程所用器材如表 3-3 所示。

表 3-3　课程所用器材

序号	名　　称	数目	序号	名　　称	数目
1	半螺纹轴	1	5	同步轮	1
2	传动固定盘	1	6	圆形亚克力板	1
3	轮胎	1	7	双通六角螺钉	若干
4	螺钉 M4	若干	8	螺母 M4	若干

🔨 实践过程

下面继续加深对工具使用和零件的熟悉程度，发挥想象力与创造力，搭建出生活中常见的桌子和椅子。请在下方空白处简要画出你的设计图，写出你的设计思路。（可参考图 3-2 和图 3-3 中的结构进行设计，也可参考教学视频。）

图 3-2　桌子参考结构

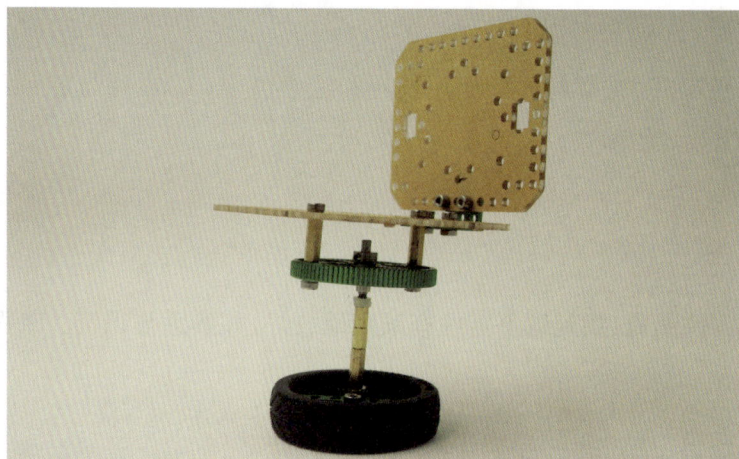

图 3-3 椅子参考结构

1. 你的设计图

2. 你的搭建设计思路

拓展提高

在有限的时间内,利用工具箱中的任何可用零件,搭建出不同种类的桌椅,看谁搭建的桌椅更有创造性!

分享交流

1. 在制作过程中你遇到了哪些问题？你是如何解决的？

2. 评价一下你今天的作品,说一说它的优点以及可以改进的地方。

知识汇总

螺丝刀的种类如下。

(1) 普通螺丝刀:就是头、柄造在一起的螺丝刀,只要拿出来就可以使用,但由于螺钉有多种尺寸规格,有时需要准备多种不同规格的螺丝刀。

(2) 组合型螺丝刀:一种把螺丝刀头和柄分开的螺丝刀。要安装不同类型的螺钉时,只需把螺丝刀头换掉即可,不需要准备大量螺丝刀。好处是可以节省空间,但却容易遗失螺丝刀头。

(3) 电动螺丝刀:电动螺丝刀,顾名思义,就是以电动机代替人手安装和移除螺钉,通常是组合螺丝刀。

(4) 钟表起子:属于精密起子,常用在修理钟表时,故有此称。

(5) 小金刚螺丝起子:尺寸比一般常用螺丝刀小,非钟表起子。

整理教具

课程结束前,能否将零件分类并收归到指定位置,是检验你可否成为一个小创客的标准之一,同学们可以开始收捡教具了。(10 分钟之内收捡完毕,请记录你的收捡时间和情况,例如,如何分类、是否遗失了零件等。)

第 **4** 课
单臂投石车与双臂投石车

一、单臂投石车

学习目标

(1) 熟练使用套件搭建机械结构,了解杠杆原理;

(2) 通过利用套件搭建杠杆装置,直观地学习杠杆原理;

(3) 体验动手创作的乐趣,并能用创客的思维看待各种创客作品。

课前准备

(1) 阿基米德曾说:"给我一个支点,我可以撬起整个地球。"他到底用什么方法呢?

(2) 什么是杠杆? 用工具箱中可用零件搭建出一个简易杠杆。

(3) 杠杆由哪些要素组成?

器材清单

请你对照零件图册,找到以下零件,有顺序地放好,并熟悉与识记。课程所用器材如表 4-1 所示。

表 4-1　课程所用器材

序号	名　　称	数目	序号	名　　称	数目
1	25mm 电动机支架	2	3	双孔梁 0824—144	2
2	双孔梁 0824—128	1	4	无头六角螺钉	3

续表

序号	名　称	数目	序号	名　称	数目
5	万向轮	1	16	双孔梁 0824—064	1
6	螺母 M8	1	17	直角支架	2
7	半螺纹轴	3	18	支架 P3	1
8	法兰轴承	6	19	轮胎	2
9	螺钉 M4×8	若干	20	塑胶垫片	3
10	螺钉 M4×20	若干	21	轴套	3
11	L 形六角扳手 1.5	1	22	螺钉 M4×14	若干
12	十字螺丝刀	1	23	螺母 M4	若干
13	L 形六角扳手 2.5	1	24	内六角螺丝刀	1
14	同步轮	3	25	单头扳手	1
15	双孔梁 0824—096	1			

🔶 实践过程

古代战争时期，人们就用杠杆发明了一种武器——投石车。投石车是利用杠杆原理抛射石弹的大型人力远射兵器。它的出现是技术的进步，也是战争的需要。春秋时期已开始使用投石车，隋唐以后它成为攻守城池的重要兵器。但在宋代较隋唐有进一步的发展，不仅用于攻守城，而且用于野战。古代西方投石车也是主要的进攻手段之一，波斯人、希腊人都曾经大量地使用过它。

下面先来制作一辆单臂的投石车。画出你的投石车设计图，并且简述一下你的搭建设计思路。（可参考图 4-1 和图 4-2 所示车体结构进行设计，也可参考教学视频。）

图 4-1　车体参考结构 1

图 4-2　车体参考结构 2

1. 你的设计图

2. 你的搭建设计思路

投石比赛

　　同学们的投石车制作完成，下面来进行比试，看哪一组的投石车威力更大。

　　两组间进行攻城对战，击倒对方建筑多者为胜。（建筑物可用梁代替，将梁竖着放在桌子上。可参考保龄球游戏。）

分享交流

1. 在制作过程中你遇到了哪些问题？你是如何解决的？

2. 评价一下你的单臂投石车,说一说它的优点以及可以改进的地方。

知识汇总

1. 什么是杠杆?

一根硬棒在力的作用下如果能绕着固定点转动,这根硬棒就叫作杠杆。

2. 杠杆五要素是什么?

杠杆的五要素包括支点、动力、阻力、动力臂(支点到动力作用点的距离)、阻力臂(支点到阻力作用点的距离)。(可在黑板上画简易图进行辅助讲解。)

3. 杠杆是如何分类的?

杠杆在动力和阻力的作用下,保持静止或匀速转动状态时,它是平衡的。杠杆分为省力杠杆、费力杠杆、等臂杠杆。省力杠杆省力但费距离;费力杠杆费力但省距离;等臂杠杆介于两者之间。没有任何一种杠杆既省距离又省力。前面提到的投石车就是费力杠杆。

整理教具

课程结束前,能否将零件分类并收归到指定位置,是检验你可否成为一个小创客的标准之一,同学们可以开始收捡教具了。(10 分钟之内收捡完毕,请记录你的收捡时间和情况,例如,如何分类、是否遗失了零件等。)

二、双臂投石车

学习目标

(1)熟练使用套件搭建机械结构,复习杠杆、杠杆的五要素和杠杆的分类;

(2)通过利用套件搭建杠杆装置,直观地学习杠杆原理;

(3)体验动手创作的乐趣,并能用创客的思维看待各种创客作品。

课前准备

(1)杠杆是否可以平衡?平衡条件是什么?

（2）杠杆由哪些要素组成？（请在图中标出来。）

（3）杠杆如何分类？（每一类要举出生活中的实例。）

器材清单

请你对照零件图册，找到以下零件有顺序地放好，并熟悉与识记。课程所用器材如表 4-2 所示。

表 4-2　课程所用器材

序号	名　　　称	数目	序号	名　　　称	数目
1	25mm 电动机支架	4	12	同步轮	6
2	双孔梁 0824—128	2	13	双孔梁 0824—096	6
3	双孔梁 0824—144	4	14	双孔梁 0824—064	1
4	无头六角螺钉	6	15	直角支架	2
5	半螺纹轴	6	16	塑胶垫片	6
6	法兰轴承	12	17	轴套	6
7	螺钉 M4×8	若干	18	螺钉 M4×14	若干
8	螺钉 M4×20	若干	19	螺母 M4	若干
9	L 形六角扳手 1.5	1	20	内六角螺丝刀	1
10	十字螺丝刀	1	21	单头扳手	1
11	L 形六角扳手 2.5	1			

注：孔梁没有特殊使用要求，请根据自身搭建情况选择长度适合的孔梁。

实践过程

前面制作了单臂投石车，为了增加它的投石威力，我们可将单臂投石车改装成双臂投石车。下面就来制作一辆双臂投石车。画出你的投石车设计图，并且简述你的搭建设计思路。（可参考图 4-3 所示车体结构进行设计，也可参考教学视频。）

图 4-3　车体参考结构 3

1. 你的设计图

2. 你的搭建设计思路

🔶 **投石比赛**

　　同学们的投石车制作完成,下面像上节课一样比试,看哪一组的投石车威力更大!

　　两组间进行攻城对战,击倒对方建筑多者为胜。(建筑物可用梁代替,将梁竖着放在桌子上。可参考保龄球游戏。)

🔶 **分享交流**

1. 在制作过程中你遇到了哪些问题? 你是如何解决的?

2. 评价一下你的双臂投石车，说一说它的优点以及可以改进的地方。

知识汇总

1. 杠杆的平衡条件

$$动力 \times 动力臂 = 阻力 \times 阻力臂$$

2. 杠杆五要素（图示）

3. 杠杆的分类举例

费力杠杆：投石机等；

省力杠杆：筷子、剪刀等；

等臂杠杆：跷跷板、天平等。

整理教具

课程结束前，能否将零件分类并收归到指定位置，是检验你可否成为一个小创客的标准之一，同学们可以开始收捡教具了。（10分钟之内收捡完毕，请记录你的收捡时间和情况，例如，如何分类、是否遗失了零件等。）

第 **5** 课

天 平

学习目标

（1）熟练使用套件搭建机械结构，了解等臂杠杆；

（2）通过利用套件搭建杠杆装置，直观地学习杠杆原理；

（3）体验创造的乐趣，同时在创造中提高个人能力，并培养团队精神。

课前准备

（1）前面的课程中已学习过杠杆，杠杆被分为几类？

（2）请对应杠杆类型举出生活中的例子。

器材清单

请你对照零件图册，找到以下零件，有顺序地放好，并熟悉与识记。课程所用器材如表 5-1 所示。

表 5-1　课程所用器材

序号	名　　称	数目	序号	名　　称	数目
1	双孔梁 0824—128	1	7	履带	若干
2	双孔梁 0824—144	1	8	L 形六角扳手 1.5	1
3	无头六角螺钉	1	9	L 形六角扳手 2.5	1
4	法兰轴承	2	10	量杯	1
5	塑胶垫片	1	11	同步轮	1
6	螺钉 M4	若干	12	亚克力板 103mm×90mm	3

续表

序号	名　称	数目	序号	名　称	数目
13	轴套	1	17	履带轴	若干
14	半螺纹轴	1	18	单头扳手	1
15	电动机支架	1	19	棉线	1
16	螺母 M4	若干	20	针管	1

实践过程

　　古代常用的测量工具也蕴含着科技原理。下面一起来搭建一个等臂杠杆——天平，请在下方空白处简要画出你的设计图，写出你的设计思路。（可参考图 5-1 和图 5-2 所示结构进行设计，也可参考教学视频。）

图 5-1　天平参考结构 1

图 5-2　天平参考结构 2

1. 你的设计图

2. 你的搭建设计思路

🔶 拓展提高

怎么用天平测量物品的重量呢? 下面进行称重竞赛,看谁称的重量最精准。

提示: 水的密度是 1g/mL,所以在没有砝码的情况下,可以用水代替砝码。方法是先将量杯放在天平的左侧,然后在右侧配重让天平平衡,最后将被测物体放在天平右侧,此时用针管(1mL 或 2.5mL 规格)往左侧量杯里注水,记住每次注水量,当天平平衡时停止注水。若水加多了,可以将水吸回一些,此时计算一下共往量杯里加了多少毫升的水。

🔶 分享交流

1. 在制作过程中你遇到了哪些问题? 你是如何解决的?

2. 在没有砝码的情况下,你使用何种方法测量某种物体的重量呢?

⊗ 知识汇总

1. 等臂杠杆

等臂杠杆——杠杆的一种,其动力臂和阻力臂长度相同,既不省力也不费力,既不省距离也不费距离。常见的等臂杠杆有托盘天平、定滑轮、跷跷板等。

2. 天平知多少

天平是一种衡器,是衡量物体质量的仪器。它依据杠杆原理制成,属于等臂杠杆。在杠杆的两端各有一个小盘,一端放砝码,另一端放要称的物体;杠杆中央装有指针,两端平衡时,两端的质量(重量)相等。现代的天平越来越精密,越来越灵敏,种类也越来越多。

3. 用水测量物体重量

用前文的提示做法，以铝制 3×6 连接片为例，大概需要注入 4.5mL 水就可以让天平平衡。1mL 水的重量为 1g，4.5mL 水的重量为 4.5g，也就是说铝制 3×6 连接片的重量是 4.5g，用电子秤称重的结果也是 4.5g。

整理教具

课程结束前，能否将零件分类并收归到指定位置，是检验你可否成为一个小创客的标准之一，同学们可以开始收捡教具了。（10 分钟之内收捡完毕，请记录你的收捡时间和情况，例如，如何分类、是否遗失了零件等。）

第 **6** 课
双电动机驱动三轮车

学习目标

(1) 了解中控板的作用；

(2) 学习中控板的使用方法，体验用 1、2 号电动机控制车辆。

课前准备

(1) 教师任选 2～4 名学生，学生自报年龄后，其余学生快速进行总和计算，看谁计算的速度最快！

(2) 知识问答：

① 人类是通过什么进行思考和计算的？计算机是通过什么方法做算术题的？

② 工具箱里的中控板外观有什么特点？它的作用是什么？

器材清单

请你对照零件图册，找到以下零件，有顺序地放好，并熟悉与识记。课程所用器材如表 6-1 所示。

表 6-1　课程所用器材

序号	名　　称	数目	序号	名　　称	数目
1	中控板	1	4	无头六角螺钉	4
2	电动机支架	2	5	万向轮	1
3	双孔梁 0824—144	2	6	螺母 M8	1

续表

序号	名　　称	数目	序号	名　　称	数目
7	亚克力板 70mm×50mm	1	19	直角支架	1
8	锂聚合物电池	1	20	支架 P3	1
9	通用电动机连接线	2	21	轮胎	2
10	螺钉 M4×8	若干	22	亚克力板 103mm×90mm	1
11	螺钉 M4×20	若干	23	接线端子	2
12	单通六角螺钉	若干	24	塑胶垫片	2
13	L形六角扳手 1.5	1	25	螺钉 M4×14	若干
14	十字螺丝刀	1	26	螺母 M4	若干
15	L形六角扳手 2.5	1	27	双通六角螺钉	若干
16	同步轮	2	28	内六角螺丝刀	1
17	25mm 电动机	2	29	单头扳手	1
18	传动固定盘 4mm	2	30	扎带	1

🔺 实践过程

　　下面要制作一辆双电动机驱动的三轮车，请发挥你的想象力与创造力，搭建出一辆与众不同的三轮车。请在下方空白处简要画出你的设计图，写出你的设计思路。（可参考图 6-1 和图 6-2 所示车体结构进行设计，也可参考教学视频。）

图 6-1　三轮车参考结构 1

图 6-2　三轮车参考结构 2

1. 你的设计图

2. 你的搭建设计思路

⬛ 拓展提高

测试三轮车是否能够顺畅地操作，轮子是否可以正常前进、后退和转弯。如果不能，想办法调整和改进你的三轮车，以达到最佳效果。

⬛ 分享交流

1. 在制作过程中你遇到了哪些问题？你是如何解决的？

2. 评价一下你的三轮车，说一说它的优点以及可以改进的地方。

⬛ 知识汇总

1. 人类是通过什么进行思考和计算的？计算机是通过什么方法做算术题的？

人类是在大脑中进行计算的。计算机是通过 CPU（中央处理器）来进行计算的。

2. 工具箱里的中控板的作用是什么？

中控板也称微型控制器，是控制小车自动运行时的"大脑"。在微型控制器上面有一些接口，接上后就可以向中控板输入信息或从中控板输出信息。微型控制器还不能像人一样自己思考和行事，需要我们编写程序，"教会"它"思考"。

3. 什么是 CPU？

CPU 是计算机的"大脑"，主要用于记忆和计算。CPU 是控制整个计算机系统的设备。它主要控制从输入设备接收资料，经过处理后，把结果发送到输出设备。机器人的所有指令都要经过 CPU 处理，所以 CPU 是计算机的"大脑"。

⬛ 整理教具

课程结束前，能否将零件分类并收归到指定位置，是检验你可否成为一个小创客的标准之一，同学们可以开始收捡教具了。（10 分钟之内收捡完毕，请记录你的收捡时间和情况，例如，如何分类、是否遗失了零件等。）

第 7 课

足球机器人

学习目标

（1）熟练应用结构搭建、机械原理、中控板使用；

（2）体验多种方法解决问题，感受创客学习的乐趣。

课前准备

你们看过足球赛吗？足球赛既需要射门又需要守门。如果想用机械装置去踢足球，需要搭建出怎样的装置呢？

器材清单

请你对照零件图册，找到以下零件，有顺序地放好，并熟悉与识记。课程所用器材如表 7-1 所示。

表 7-1 课程所用器材

序号	名　　称	数目	序号	名　　称	数目
1	电动机支架	2	8	法兰轴承	4
2	双孔梁 0824—096	1	9	螺钉 M4×8	若干
3	双孔梁 0824—144	2	10	螺钉 M4×20	若干
4	无头六角螺钉	2	11	L 形六角扳手 1.5	1
5	万向轮	1	12	十字螺丝刀	1
6	螺母 M8	1	13	L 形六角扳手 2.5	1
7	半螺纹轴	2	14	通用电动机连接线	1

序号	名 称	数目	序号	名 称	数目
15	亚克力板 70mm×50mm	1	24	轴套	2
16	中控	1	25	螺钉 M4×14	若干
17	同步轮	3	26	螺母 M4	若干
18	传动固定盘	1	27	内六角螺丝刀	1
19	25mm 电动机	1	28	单头扳手	1
20	直角支架	1	29	接线端子	1
21	支架 P3	1	30	103mm×90mm 亚克力板	1
22	轮胎	2	31	二代聚合物锂电池	1
23	塑胶垫片	2			

🔨 实践过程

机器人去踢足球，而且还要组成一个球队，机器人之间相互配合，协同进行比赛。现在的足球机器人还没有做到像人一样，不过相信在未来，机器人可以像人类一样参加足球比赛。下面先来制作一个可以踢足球的机器人。画出你的足球机器人设计图，并且简述一下你的搭建设计思路。（可参考图 7-1 所示结构进行设计，也可参考教学视频。）

图 7-1 足球机器人参考结构

1. 你的设计图

2. 你的搭建设计思路

拓展提高

　　制作完成足球机器人后，可以来一场足球大战，你们准备好了吗？将学生分为攻方和守方，攻方负责射门，守方负责守门，在规定时间内进行足球赛，到时间后双方互换角色，看哪一方进球最多。

分享交流

1. 在制作过程中你遇到了哪些问题？你是如何解决的？

2. 汇报一下这场足球比赛的情况，说一说你的足球机器人有哪些需要改进的地方。

知识汇总

　　据科学家估计，大约再过 50 年，人类与足球机器人可以在足球场地上进行比赛。到那时，可能电视转播的体育节目中机器人足球会占很大的比重。当然，这只是猜测。到目前为止，国际上最具影响力的机器人足球赛事组织有 FIRA（国际机器人足球联合会）和 RobotCup（机器人世界杯足球赛）。

　　值得一提的是，2013 年 RobotCup（机器人世界杯足球赛）在荷兰埃因霍温落幕。代表中国出战的北京信息科技大学"水之队"成为本届世界杯的最大黑马,在中型组决赛中以 3∶2 击败东道主荷兰的埃因霍温科技大学队夺冠,在人工智能领域率先圆了中国足球的冠军梦。

整理教具

　　课程结束前,能否将零件分类并收归到指定位置,是检验你可否成为一个小创客的标准之一,同学们可以开始收捡教具了。(10 分钟之内收捡完毕,请记录你的收捡时间和情况,例如,如何分类、是否遗失了零件等。)

第 **8** 课
传送带与电动转椅

一、传 送 带

📈 学习目标

（1）利用套件搭建传送带，直观地学习带传动知识，同时了解萃智理论——分割原理；

（2）搭建传送带后，了解它的工作原理；

（3）培养团队合作意识。

📖 课前准备

（1）机场是用什么装置传送行李的呢？

（2）传送带的历史：19世纪时，各种现代结构的传送带输送机相继出现。1868年，在英国出现了皮带式传送带输送机；1887年，在美国出现了螺旋输送机；1905年，在瑞士出现了钢带式输送机；1906年，在英国和德国出现了惯性输送机。之后，传送带输送机受到机械制造、电机、化工和冶金工业技术进步的影响，不断完善，逐步由完成车间内部的传送发展到完成在企业内部、企业之间甚至城市之间的物料搬运，成为物料搬运系统机械化和自动化不可缺少的组成部分。

⊞ 器材清单

请你对照零件图册，找到以下零件，有顺序地放好，并熟悉与识记。课程所用器材如表8-1所示。

表 8-1 课程所用器材

序号	名　　称	数目	序号	名　　称	数目
1	中控板	1	16	同步轮	3
2	电动机支架	1	17	25mm 电动机	1
3	双孔梁 0824—144	2	18	传动固定盘 4mm	1
4	无头六角螺钉	2	19	轴套	2
5	亚克力板 70mm×50mm	1	20	亚克力板 103mm×90mm	1
6	锂聚合物电池	1	21	接线端子	1
7	通用电动机连接线	1	22	塑胶垫片	2
8	螺钉 M4×8	若干	23	螺钉 M4×14	若干
9	螺钉 M4×20	若干	24	螺母 M4	若干
10	L 形六角扳手 1.5	1	25	内六角螺丝刀	1
11	十字螺丝刀	1	26	单头扳手	1
12	L 形六角扳手 2.5	1	27	半螺纹轴	2
13	履带	若干	28	履带轴	若干
14	遥控器	1	29	法兰轴承	4
15	3×6 连接片	1			

🔧 实践过程

请发挥你的想象力与创造力,搭建一个可以运行的传送带。请在下方空白处简要画出你的设计图,写出你的设计思路。(可参考图 8-1 所示结构进行设计,也可参考教学视频。)

图 8-1 传送带参考结构

1. 你的设计图

2. 你的搭建设计思路

拓展提高

大家都知道，传送带是用来运送物品的，现在我们就来比一比谁的传送带运输的物品最多！（在限定时间内看哪一组运输的物品最多，若物品在中途掉落，则要回到初始位置重新运输。）

分享交流

1. 在制作过程中你遇到了哪些问题？你是如何解决的？

2. 评价一下你的传送带，说一说它的优点以及可以改进的地方。

知识汇总

1. 传送带工作原理

皮带传动是一种依靠摩擦力来传递运动和动力的机械传动。它的特点主要表现在皮带有良好的弹性，在工作中能缓和冲击和振动，运动平稳无噪声。载荷过大时皮带在轮上打滑，因而可以防止其他零件损坏，起到安全保护的作用。皮带是中间零件，可以在一定范围内根据需要来选定长度，以适应中心距要求较大的工作条件；结构简单，制造容易，安装和维修方便，成本较低。

2. 萃智理论

萃智发明原理第1条——分割原理：

(1) 将物体分为独立部分；

(2) 使物体成为可组合的(易于拆卸和组装)；

(3) 增加物体被分割的程度。

整条履带是由各个小履带组成的,易于拆卸和组装,体现了分割原理。

📖 整理教具

课程结束前,能否将零件分类并收归到指定位置,是检验你可否成为一个小创客的标准之一,同学们可以开始收捡教具了。(10 分钟之内收捡完毕,请记录你的收捡时间和情况,例如,如何分类、是否遗失了零件等。)

二、电动转椅

⤒ 学习目标

(1) 利用套件搭建电动转椅,同时了解萃智理论——普遍性原理；

(2) 搭建电动转椅后,了解离心运动原理；

(3) 培养团队合作意识。

📖 课前准备

(1) 上节课学习了什么知识?

(2) 请尝试举出能够体现普遍性原理的生活实例。

⊞ 器材清单

请你对照零件图册,找到以下零件有顺序地放好,并熟悉与识记。课程所用器材如表 8-2 所示。

表 8-2　课程所用器材

序号	名　　　称	数目	序号	名　　　称	数目
1	中控板	1	17	同步轮	4
2	电动机支架	2	18	25mm 电动机	2
3	双孔梁 0824—144	2	19	双孔梁 0824—128	1
4	双孔梁 0824—096	1	20	直角支架	1
5	无头六角螺钉	4	21	轴套	2
6	亚克力板 70mm×50mm	1	22	亚克力板 103mm×90mm	3
7	锂聚合物电池	1	23	接线端子	2
8	通用电动机连接线	2	24	塑胶垫片	4
9	螺钉 M4×8	若干	25	螺钉 M4×14	若干
10	螺钉 M4×20	若干	26	螺母 M4	若干
11	L形六角扳手1.5	1	27	内六角螺丝刀	1
12	十字螺丝刀	1	28	单头扳手	1
13	L形六角扳手2.5	1	29	半螺纹轴	2
14	履带	若干	30	履带轴	若干
15	遥控器	1	31	法兰轴承	4
16	3×6连接片	1	32	传动固定盘	2

实践过程

请发挥你的想象力与创造力，搭建一个电动转椅。请在下方空白处简要画出你的设计图，写出你的设计思路。（可参考图 8-2 所示结构进行设计，也可参考教学视频。）

图 8-2　电动转椅参考结构

1. 你的设计图

2. 你的搭建设计思路

拓展提高

电动转椅中蕴含的科技原理有哪些?

分享交流

1. 在制作过程中你遇到了哪些问题? 你是如何解决的?

2. 评价一下你的电动转椅,说一说它的优点以及可以改进的地方。

知识汇总

1. 萃智发明原理第 6 条——普遍性原理

一个物体实现多种不同功能。

将电路板做成椅子靠背的一部分,既实现了固定电路板的功能,又实现了座椅靠背的功能,体现了"普遍性原理"。

2. 萃智发明原理第 13 条——逆向思维原理

(1)颠倒过去解决问题的方法;

(2)使物体活动的部分改为固定的,固定的部分改为活动的;

(3)翻转物体(或过程)。

一般的旋转座椅都是椅子下面有一根转轴带动椅子转动,而现在我们将椅子固定不动,用旋转的履带来带动设备整体转动,体现了"逆向思维原理"。

3.（用电动转椅做演示）离心运动原理

离心运动原理是指物体有远离中心运动的现象。当物体在做非直线运动时（非牛顿环境,例如,圆周运动或转弯运动）,因物体一定有本身的质量存在,质量造成的惯性会强迫物体继续朝着运动轨迹的切线方向（原来那一瞬间前进的直线方向）前进,而非顺着接下来转弯过去的方向走。所以,旋转座椅会把上面的物体甩出去。

整理教具

课程结束前,能否将零件分类并收归到指定位置,是检验你可否成为一个小创客的标准之一,同学们可以开始收捡教具了。（10 分钟之内收捡完毕,请记录你的收捡时间和情况,例如,如何分类、是否遗失了零件等。）

第 **9** 课
电动螺丝刀

🔺 学习目标

（1）掌握萃智发明原理第 5 条——合并原理和萃智发明原理第 7 条——嵌套原理；

（2）模仿老师提供的样品搭建电动螺丝刀，并有所创新；

（3）培养团队协作精神。

📖 课前准备

创客课程的每节课都会用到一件工具，那就是螺丝刀，相信现在同学们已能熟练地使用螺丝刀了。但是在实际使用螺丝刀的过程中，如果要拧很多螺钉时会遇到两个问题，请大家想一想是哪两个问题？

一个是效率问题，另一个就是长时间操作螺丝刀手部会比较累。这就需要我们对螺丝刀进行改进，从而解决上述两个问题。正所谓工欲善其事，必先利其器。

📋 器材清单

请你对照零件图册，找到以下零件，有顺序地放好，并熟悉与识记。课程所用器材如表 9-1 所示。

表 9-1　课程所用器材

序号	名　　称	数目	序号	名　　称	数目
1	中控板	1	4	无头六角螺钉	2
2	电动机支架	1	5	亚克力板 70mm×50mm	1
3	双孔梁 0824—144	2	6	锂聚合物电池	1

续表

序号	名　称	数目	序号	名　称	数目
7	通用电动机连接线	1	17	双孔梁 0824—128	1
8	螺钉 M4×8	若干	18	亚克力板 103mm×90mm	1
9	螺钉 M4×20	若干	19	接线端子	1
10	L形六角扳手 1.5	1	20	塑胶垫片	1
11	十字螺丝刀	1	21	螺钉 M4×14	若干
12	L形六角扳手 2.5	1	22	螺母 M4	若干
13	沉头螺钉	2	23	内六角螺丝刀	1
14	同步轮	2	24	单头扳手	1
15	25mm 电动机	1	25	双孔梁 0824—096	1
16	传动固定盘 4mm	2	26	遥控器	1

实践过程

请发挥你的想象力与创造力，搭建一个电动螺丝刀。请在下方空白处简要画出你的设计图，写出你的设计思路。（可参考图 9-1 所示结构进行设计，也可参考教学视频。）

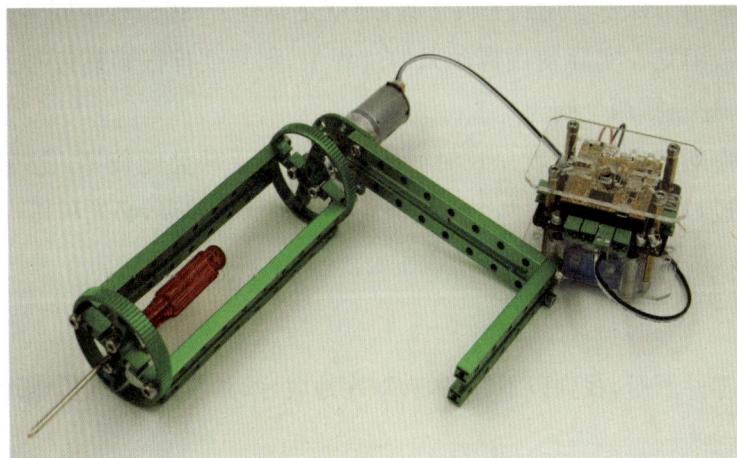

图 9-1　电动螺丝刀参考结构

1. 你的设计图

2. 你的搭建设计思路

🅞 **成品比拼**

　　我们的电动螺丝刀相比手动螺丝刀方便了许多,现在来场比赛验证一下吧!

　　(拧螺丝比赛,在规定的时间内看哪个组拧的螺丝个数多。)

🔄 **分享交流**

1. 在制作过程中你遇到了哪些问题? 你是如何解决的?

2. 评价一下你的电动螺丝刀,说一说它的优点以及可以改进的地方。

❎ **知识汇总**

1. 萃智发明原理第 7 条——嵌套原理(用实际的零件进行演示讲解)

　　(1) 将第一个物体嵌入第二个物体,然后将这两个物体一起嵌入第三个物体;

　　(2) 让物体穿过另一个物体的空腔。

　　先将联轴器与轮子连接,然后再将螺丝刀穿过联轴器中间的圆孔并加以固定,这个过程体现了"嵌套原理"。

2. 萃智发明原理第 5 条——合并原理(除了用实际零件演示,也可以列举生活中常见的例子辅助讲解)

　　(1) 合并空间上同类或相邻的物体或操作;

　　(2) 合并时间上同类或相邻的物体或操作。

　　一个电动机导线连接器有正、负两极,正、负两极各连接一条导线,现在将电动机导线连接器的正、负两极分别各连接两条导线,这样就组成了并联电路。一个电动机导线连接器可以同时控制多个电路,这个方法体现了"合并原理"。

整理教具

　　课程结束前,能否将零件分类并收归到指定位置,是检验你可否成为一个小创客的标准之一,同学们可以开始收捡教具了。(10 分钟之内收捡完毕,请记录你的收捡时间和情况,例如,如何分类、是否遗失了零件等。)

第 ⑩ 课

坦克与自动运行的螺丝刀

一、坦　克

学习目标

（1）掌握增大有益摩擦力的方法和减小有害摩擦力的方法；

（2）学会查看工具书，在老师的引导下按照使用说明书安装坦克机器人；

（3）培养学生观察和主动学习的能力。

课前准备

坦克有"陆战之王"之美称。它是一种全履带装甲战斗车，通常装有一门火炮和多门自动武器，具有优良的越野机动性、坚固的装甲防护、强火力和强大的突击能力。它是如何诞生的呢？

第一次世界大战期间，交战双方为突破由堑壕、铁丝网、机枪火力点组成的防御阵地，迫切需要研制一种火力、机动、防护三者有机结合的新式武器。英国人 E. D. 斯文顿在一起意外事故中发现，如果能在拖拉机上装上火炮或机枪，它不就无敌了吗？于是英国政府采纳了 E. D. 斯文顿的建议，利用汽车、拖拉机、枪炮制造和冶金技术，于 1915 年 9 月制成样车，并进行了首次试验，获得成功。1916 年量产型"马克"I 型坦克投入战斗。

器材清单

请你对照零件图册，找到以下零件，有顺序地放好，并熟悉与识记。课程所用器材如表 10-1 所示。

表 10-1　课程所用器材

序号	名　　称	数目	序号	名　　称	数目
1	中控板	1	16	同步轮	4
2	电动机支架	2	17	25mm 电动机	2
3	双孔梁 0824—144	2	18	传动固定盘 4mm	2
4	无头六角螺钉	4	19	双孔梁 0824—096	1
5	亚克力板 70mm×50mm	1	20	亚克力板 103mm×90mm	1
6	锂聚合物电池	1	21	接线端子	2
7	通用电动机连接线	2	22	塑胶垫片	4
8	螺钉 M4×8	若干	23	螺钉 M4×14	若干
9	螺钉 M4×20	若干	24	螺母 M4	若干
10	L 形六角扳手 1.5	1	25	内六角螺丝刀	1
11	十字螺丝刀	1	26	单头扳手	1
12	L 形六角扳手 2.5	1	27	半螺纹轴	2
13	沉头螺钉	4	28	遥控器	1
14	轴套	2	29	法兰轴承	4
15	单通六角螺钉	若干	30	双通六角螺钉	若干

实践过程

　　请发挥你的想象力与创造力，搭建一辆坦克。请在下方空白处简要画出你的设计图，写出你的设计思路。（可参考图 10-1 所示结构进行设计，也可参考教学视频。）

图 10-1　坦克参考结构

1. 你的设计图

2. 你的搭建设计思路

🎯 创意竞赛

　　既然坦克是陆战之王，那就来证明一下坦克的实力吧！进行坦克的比赛，教师在教室内设置障碍，学生操纵坦克翻越障碍，用时最短的组获胜。

🔄 分享交流

1. 在制作过程中你遇到了哪些问题？你是如何解决的？

2. 简要描述你的坦克竞赛情况，说一说你的坦克优点以及可以改进的地方。

✖ 知识汇总

1. 增大有利摩擦力的方法

　　增大压力、增大接触面的粗糙度等可增大有利摩擦力。当无头螺钉被拧紧以后，无头螺钉与电动机转轴之间会产生很大的压力，拧得越紧，压力越大，同时摩擦力也就越大，联轴器就越不容易松动。

2. 减小有害摩擦力的方法

　　可通过：①减小压力；②添加润滑油；③使物体与接触面分离；④变滑动为滚动等方法减小有害摩擦力。套件中的塑料垫片表面相对比较光滑，可以减小有害摩擦力。

整理教具

课程结束前，能否将零件分类并收归到指定位置，是检验你可否成为一个小创客的标准之一，同学们可以开始收捡教具了。（10分钟之内收捡完毕，请记录你的收捡时间和情况，例如，如何分类、是否遗失了零件等。）

二、自动运行的螺丝刀

学习目标

（1）学会举一反三，在坦克的基础上创作出任意可运行装置；
（2）培养学生观察和主动学习的能力。

课前准备

（1）讲述一下上节课你是如何搭建坦克的。
（2）你是如何制作电动螺丝刀的？
（3）如果将坦克与电动螺丝刀相结合，又会创造出怎样的装置呢？

器材清单

请你对照零件图册，找到以下零件，有顺序地放好，并熟悉与识记。课程所用器材如表 10-2 所示。

表 10-2 课程所用器材

序号	名称	数目	序号	名称	数目
1	中控板	1	8	螺钉 M4×8	若干
2	电动机支架	3	9	螺钉 M4×20	若干
3	双孔梁 0824—144	4	10	L形六角扳手 1.5	1
4	无头六角螺钉	8	11	十字螺丝刀	1
5	亚克力板 70mm×50mm	1	12	L形六角扳手 2.5	1
6	锂聚合物电池	1	13	沉头螺钉	4
7	通用电动机连接线	3	14	轴套	2

续表

序号	名　　称	数目	序号	名　　称	数目
15	单通六角螺钉	若干	23	螺钉 M4×14	若干
16	同步轮	6	24	螺母 M4	若干
17	25mm 电动机	3	25	内六角螺丝刀	1
18	传动固定盘 4mm	4	26	单头扳手	1
19	双孔梁 0824—096	1	27	半螺纹轴	2
20	亚克力板 103mm×90mm	1	28	遥控器	1
21	接线端子	3	29	法兰轴承	4
22	塑胶垫片	4	30	双通六角螺钉	若干

🔧 实践过程

　　请发挥你的想象力与创造力,结合坦克和电动螺丝刀,搭建一个可以自动运行的螺丝刀。请在下方空白处简要画出你的设计图,写出你的设计思路。(可参考图 10-2 所示结构进行设计,也可参考教学视频。)

图 10-2　自动运行的螺丝刀参考结构

1. 你的设计图

2. 你的搭建设计思路

🟧 创意竞赛

这次我们还是要比赛，但要增加难度，就是用坦克进行扎气球比赛。（扎气球比赛——两人对抗，分别在两辆自动运行的螺丝刀上绑一个气球，操作自动运行的螺丝刀，扎破对方气球者获胜。）

🟧 分享交流

1. 在制作过程中你遇到了哪些问题？你是如何解决的？

2. 简要描述你的比赛情况，说一说你的装置有哪些优点以及可以改进的地方。

🟧 拓展提高

在自动运行的螺丝刀的基础上，我们还能有哪些创新？还可以给它增加什么功能呢？

🟧 整理教具

课程结束前，能否将零件分类并收归到指定位置，是检验你可否成为一个小创客的标准之一，同学们可以开始收捡教具了。（10分钟之内收捡完毕，请记录你的收捡时间和情况，例如，如何分类、是否遗失了零件等。）

第 **11** 课
变 形 坦 克

↑ 学习目标

（1）熟练应用结构搭建、机械原理、中控板使用、萃智理论；

（2）整合以往课程学习重点；

（3）体验多种方法解决问题，感受创客学习的乐趣。

📖 课前准备

（1）利用套件制作变形坦克；

（2）变形坦克应至少满足两个可用功能；

（3）要用到 4 个电动机。

器材清单

请你对照零件图册，找到以下零件，有顺序地放好，并熟悉与识记。课程所用器材如表 11-1 所示。

表 11-1 课程所用器材

序号	名　　称	数目	序号	名　　称	数目
1	中控板	1	6	锂聚合物电池	1
2	电动机支架	3	7	通用电动机连接线	3
3	双孔梁 0824—144	4	8	螺钉 M4×8	若干
4	无头六角螺钉	8	9	螺钉 M4×20	若干
5	亚克力板 70mm×50mm	1	10	L 形六角扳手 1.5	1

续表

序号	名　　称	数目	序号	名　　称	数目
11	十字螺丝刀	1	22	接线端子	3
12	L形六角扳手2.5	1	23	塑胶垫片	4
13	沉头螺钉	4	24	螺钉M4×14	若干
14	轴套	2	25	螺母M4	若干
15	单通六角螺钉	若干	26	内六角螺丝刀	1
16	棉线	1	27	单头扳手	1
17	同步轮	7	28	半螺纹轴	2
18	25mm电动机	3	29	遥控器	1
19	传动固定盘4mm	4	30	法兰轴承	4
20	双孔梁0824—096	2	31	双通六角螺钉	若干
21	亚克力板103mm×90mm	1			

实践过程

请发挥你的想象力与创造力，为坦克增加新的功能和装饰，并且确保你制作的装置可以实现相应的功能。请在下方空白处简要画出你的设计图，写出你的设计思路。（可参考图11-1所示结构进行设计，也可参考教学视频。）

图11-1　变形坦克参考结构

1. 你的设计图

2. 你的搭建设计思路

⬤ 创意搭建

为自己的创客作品起一个好名字，每一组到讲台上展示创客作品。需要介绍作品名称、功能、与众不同之处，由其他学生进行评分。

⮌ 分享交流

1. 在制作过程中你遇到了哪些问题？你是如何解决的？

2. 简要描述你的创客作品，说一说你的作品有哪些优点以及可以改进的地方。

✖ 知识汇总

本学期学习的主要知识点（由学生进行补充总结）：

（1）动能与重力势能，以及能量的转换；

（2）螺丝刀的使用技巧和注意事项；

（3）什么是杠杆？杠杆的五要素以及杠杆的分类；

（4）认识中控板的特点和作用；

（5）皮带传动；

（6）萃智发明原理。

🔖 整理教具

　　课程结束前，能否将零件分类并收归到指定位置，是检验你可否成为一个小创客的标准之一，同学们可以开始收捡教具了。（10 分钟之内收捡完毕，请记录你的收捡时间和情况，例如，如何分类、是否遗失了零件等。）

第 12 课
走 出 迷 宫

学习目标

(1) 掌握 iBlockly 简单的可视化编程；

(2) 通过地理拼图、迷宫等游戏掌握简单的可视化编程；

(3) 通过游戏的方式让学生在玩中学习，从而培养学生的学习兴趣。

课前准备

可视化编程，即可视化程序设计，它以"所见即所得"的编程思想为原则，力图实现编程工作的可视化，即随时可以看到结果，程序与结果的调整同步。

可视化编程是与传统的编程方式相比而言的，这里的"可视"是指无须编程，仅通过直观的操作方式即可完成界面的设计工作。

器材清单

课程所用器材清单如表 12-1 所示。

表 12-1　课程所用器材

序号	名　称	数目	序号	名　称	数目
1	平板电脑	若干	2	鼠标	若干

实践过程

利用 iBlockly 程序完成拼图、迷宫闯关的任务。

通过下述操作进入 iBlockly 程序。

打开中控板电源，连接 Wi-Fi(Wi-Fi 名称详见中控板的数字或字母)。

连接 Wi-Fi 后需要输入密码，密码的格式有两种：

（1）尝试输入 12345678；

（2）尝试输入中控板对应的 Wi-Fi 名称，如 ITRON＋2022，则密码为 ITRON＋2022（注意字母大写）。

若第一种密码输入错误，尝试输入第二种格式的密码即可。

连接成功后，打开浏览器(推荐使用火狐浏览器)，输入地址：192.168.8.1/blockly，打开软件界面，如图 12-1 所示。

图 12-1　iBlockly 软件界面

（1）地理拼图游戏：国旗图案要放在对应国家板块的右侧，语言要通过下拉菜单选择，并把带有城市名称的模块放在对应国家模块的缺口位置。"地理拼图"界面如图 12-2 所示。

（2）迷宫游戏：程序模块按照逻辑顺序依次执行，前几关很简单，按照顺序堆砌程序模块即可；后面几关需要逻辑判断模块，方法有很多种，可参考答案。"迷宫"编程界面如图 12-3 所示。

拓展提高

在老师的指导下完成迷宫闯关前 5 关，从后 5 关开始以竞赛的模式开展。由老师规定竞赛时间，通过关卡最多者获胜(不要小看迷宫闯关，关卡越高，难度越大)。

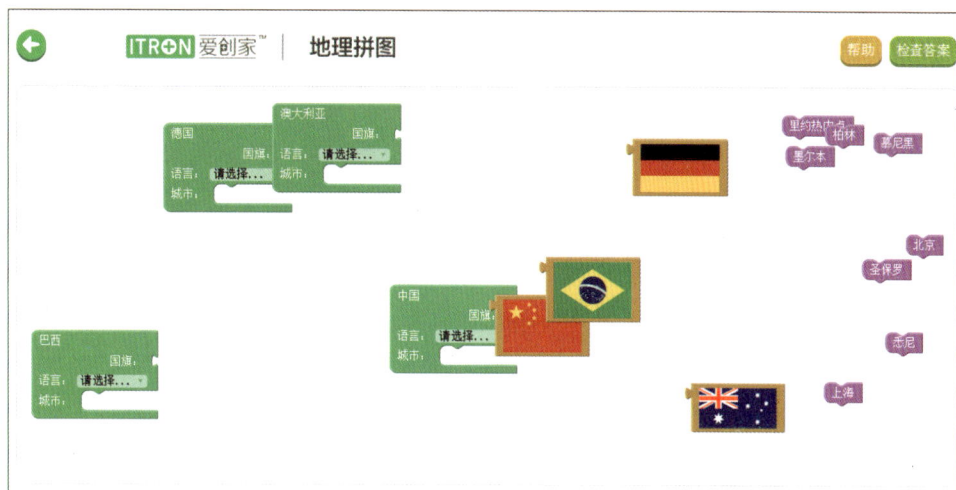

图 12-2 "地理拼图"界面

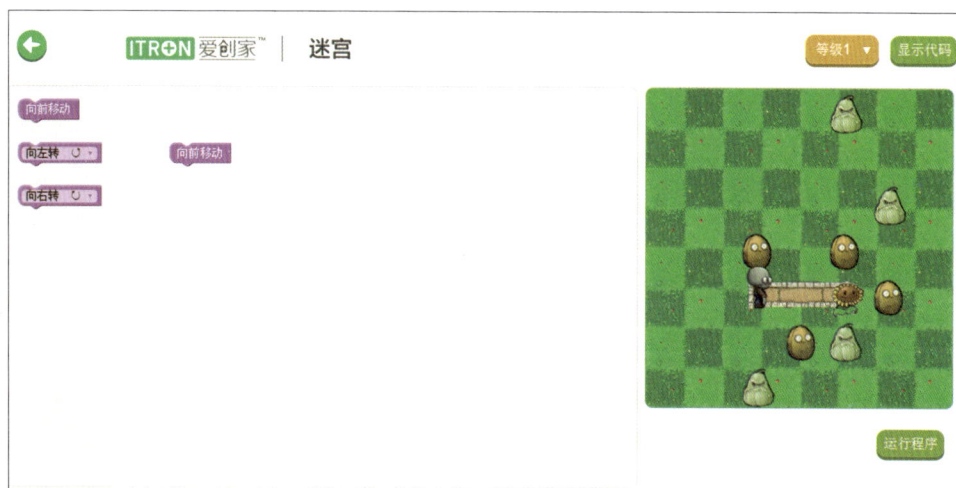

图 12-3 "迷宫"编程界面

🔧 分享交流

1. 对于可视化编程，你有哪些了解？

2. 评价你的迷宫闯关情况，总结出了哪些闯关经验？

✴ 知识汇总

迷宫游戏参考答案如图 12-4 所示。

图 12-4　迷宫游戏参考答案

📖 整理教具

　　课程结束前，能否将零件分类并收归到指定位置，是检验你可否成为一个小创客的标准之一，同学们可以开始收捡教具了。（10 分钟之内收捡完毕，请记录你的收捡时间和情况，例如，如何分类、是否遗失了零件等。）

第 ⑬ 课
车 辆 控 制

🔺 学习目标

（1）掌握编程控制小车的方法；

（2）先通过简单的模拟按钮操控小车，再逐渐加大难度用编程控制小车；

（3）通过操控实物小车，培养学生对于编程的兴趣。

📖 课前准备

遥控模型车一般按使用的动力来源分类。

1. 电动遥控模型车

电动遥控模型车（以下简称"电车"）使用电池作为动力，将电能输出到电动机上，电动机再驱动车运行。

电车是很多初学者的首选，因为它只要在"有电的地方"就能充电，充满电的电池就能驱动车行走。而且电车的惯性小，操控技巧在"入门级别车"中是属于容易掌握的。但是，千万不要认为电车是"低级"的遥控车，其实它的速度是十分快的。

2. 油动遥控模型车

油动遥控模型车（以下简称"油车"）使用遥控模型车专用的燃料才能驱动。绝大部分油车都是使用二冲程风冷发动机。这种发动机的优点是加速快、维修简单。油车越来越受欢迎，即使是初学者，购买油车也是一个好选择。现在油车的保养维护已经比较简单，而且其比赛的时间长，更易提高驾驶技术，积累更多经验。

器材清单

课程所用器材清单如表 13-1 所示。

表 13-1　课程所用器材

序号	名　　称	数目	序号	名　　称	数目
1	平板电脑	若干	3	二级课程套件	1
2	鼠标	若干			

实践过程

是否可以自己设计程序，让小车按照自己的想法来运行？下面首先来组装一辆小车，同学们可以按照自己的想法组装，但一定要让它动起来。

（1）学生按照自己的想法搭建出一辆可操控、可运行的小车。

（2）小车搭建完成后，连接 Wi-Fi，输入网址：192.168.8.1/blockly，进入编程页面。选择"行进控制"，先对小车进行简单的前、后、左、右方向控制，如图 13-1 所示。

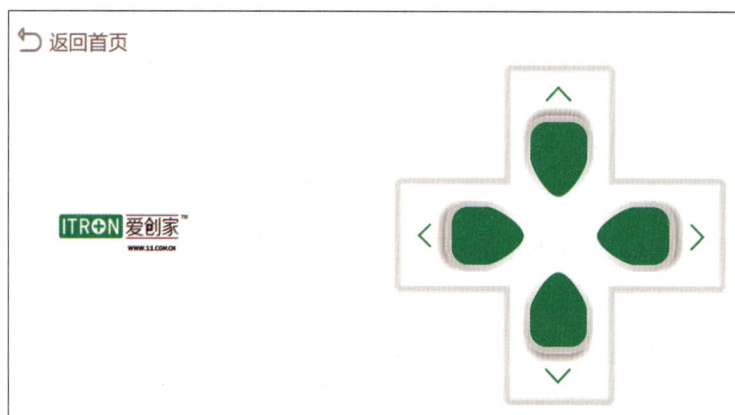

图 13-1　简单的方向控制

（3）编程控制小车。"交互控制"编程界面如图 13-2 所示。

拓展提高

（1）让小车走正方形，最后回到起始位置，停止后的车头朝向要与发车时一致。

（2）设置起点与终点，中间放置 2～3 个障碍物，让小车进行绕桩比赛，碰到障碍物即为失败。

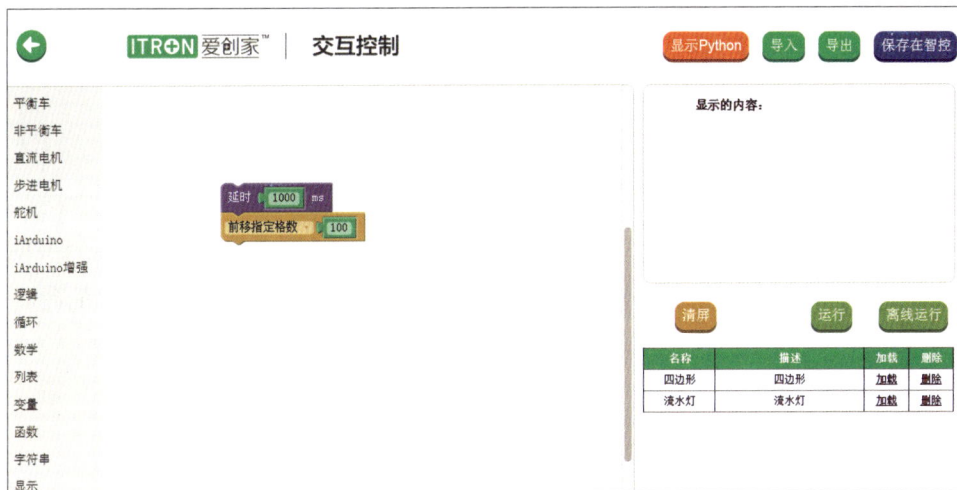

图 13-2　"交互控制"编程界面

🔄 分享交流

1. 要想通过编程让小车变得更智能，需要用到哪些模块呢？

2. 评价你今天的表现，有哪些优点和需要改进的地方。

❎ 知识汇总

（1）两种让小车走正方形的编程方式，如图 13-3 和图 13-4 所示。

图 13-3　使小车走正方形的参考程序

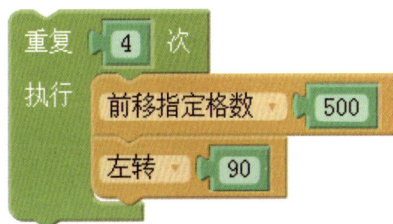

图 13-4　更加快捷的正方形编程方式

（2）"前移指定格数"的单位是 1mm，100 代表 100mm；"延时"的单位是 ms，1000ms＝1s；"左转""右转"的单位是度，"左转 90"就是左转 90°。

整理教具

课程结束前，能否将零件分类并收归到指定位置，是检验你可否成为一个小创客的标准之一，同学们可以开始收捡教具了。（10 分钟之内收捡完毕，请记录你的收捡时间和情况，例如，如何分类、是否遗失了零件等。）

第 14 课

iBlockly 控制多个电动机

学习目标

（1）简单使用 iBlockly 程序，用 iBlockly 程序控制多个电动机；

（2）让学生亲历设计的一般过程，培养学生运用所学知识解决实际问题的能力；

（3）通过多电动机车辆的设计，让学生体验解决问题的曲折与艰辛，培养学生探索、思考和总结的科学精神。

课前准备

你见过图 14-1 所示的这种机器人吗？说一说这种机器人有什么作用？试着找一找它由几个电动机控制。

图 14-1　多电动机的机器人

如果注意观察，你会发现以前制作的装置无法同时做一些事情，例如控制车轮的两个电动机转动时，第三个电动机无法转动。下面要用 iBlockly 程序同时控制多个电动机，让小车具备更加强大的功能。

器材清单

课程所用器材清单如表 14-1 所示。

表 14-1　课程所用器材

序号	名　　称	数目	序号	名　　称	数目
1	平板电脑	若干	3	二级课程套件	1
2	鼠标	若干			

实践过程

1. 搭建车辆

　　我们首先要搭建车辆，满足安装 3 个电动机并且 3 个电动机能够同时工作这两个条件，需从硬件和软件两个方面入手。①硬件方面，需要搭建一个装有 3 个电动机的小车，两个电动机控制小车的运动，一个电动机作为功能扩展；②软件方面，需要找到 iBlockly 程序中哪个模块可以同时控制 3 个电动机或多个电动机。

　　制作的 3 个电动机车辆可以是轮式的，也可以是履带式的。它体积不大，转向灵活，便于在狭窄的地方工作，可以在一定区域内通过程序操控其活动。车辆底盘上可以装一个多自由度机械手或其他装置。同学们可以根据自己的创意自由发挥。

2. iBlockly 程序中的模块

　　在 iBlockly 程序中，"直流电机"选项中有一个同时控制多个电动机的模块，如图 14-2 所示。

3. 编写程序

　　(1) 请尝试编写一个能够控制单个电动机运行的程序。

　　(2) 请尝试编写一个能够控制多个电动机运行的程序。

拓展提高

　　试着编写其他程序，如让小车前进 50cm，小车的上部结构可以同时运动，然后小车的 3 个电动机同时停止。

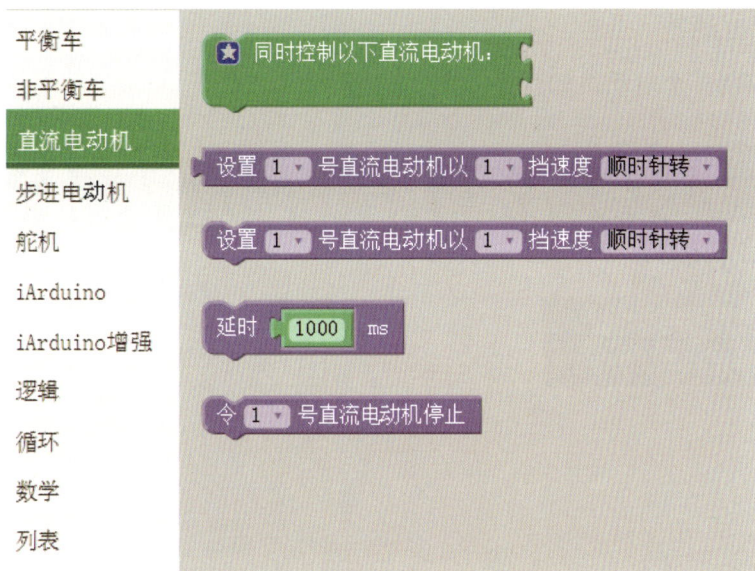

图 14-2　控制电动机的编程模块

⇄ 分享交流

1. 今天你学到了哪些编程知识？

2. 评价你今天的表现，有哪些优点和需要改进的地方。

✕ 知识汇总

1. **什么是电动机？**

　　电动机也称马达，是利用电流转动的配件。生活中应用电动机的例子有便携式电扇、四驱车、遥控电动车、摩托车等。

2. **控制一个电动机**

　　用程序控制一个电动机的程序如图 14-3 所示。

图 14-3　控制一个电动机程序

3. 控制多个电动机

用程序控制多个电动机的程序如图 14-4 所示。

图 14-4　控制多个电动机程序

整理教具

课程结束前，能否将零件分类并收归到指定位置，是检验你可否成为一个小创客的标准之一，同学们可以开始收捡教具了。（10 分钟之内收捡完毕，请记录你的收捡时间和情况，例如，如何分类、是否遗失了零件等。）

第 15 课
声光的输出

学习目标

（1）了解输出和输入的含义，掌握数据线的连接方法；

（2）通过周围事物的"进"和"出"，了解"输入"和"输出"；

（3）通过自由搭建激发学生创新的能力；在编程的学习过程中，锻炼学生的逻辑思维和自主探索学习的能力。

课前准备

（1）图 15-1 所示为常见的计算机设备：鼠标、键盘为输入设备，显示器为输出设备。那么，什么是输入设备、输出设备呢？

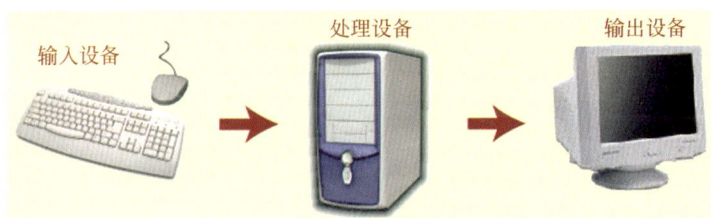

图 15-1　三种常见计算机设备

（2）图 15-2～图 15-5 中哪些是输入设备？哪些是输出设备？

器材清单

课程所用器材清单如表 15-1 所示。

图 15-2　话筒

图 15-3　音箱

图 15-4　打印机

图 15-5　手写板

表 15-1　课程所用器材

序号	名　称	数目	序号	名　称	数目
1	平板电脑	若干	3	二级课程套件	1
2	鼠标	若干			

实践过程

利用中控板分别与蜂鸣器、LED 灯带相连接，编写程序使得它们发出声响或亮光。

（1）用 iBlockly 程序控制蜂鸣器，响 1s 停止，程序如图 15-6 所示。

图 15-6　控制蜂鸣器程序

（2）应用循环模块，使蜂鸣器连续响3次，程序如图15-7所示。

重复　3　次
执行　设置　1　号电动机以　1　挡速度　顺时针转
　　　延时　2000　ms
　　　令　1　号直流电动机停止
　　　延时　2000　ms

图 15-7　蜂鸣器连续响 3 次程序

（3）根据视频的要求，试着做一个 SOS 求救信号。

（4）用程序中电动机 1～9 挡控制 LED 灯带的亮度。

（5）编写一个使 LED 灯带逐渐变亮的程序，程序如图15-8所示。

重复当　真
执行　令　1　号直流电动机停止
　　　延时　1000　ms
　　　设置　1　号电动机以　1　挡速度　顺时针转
　　　延时　1000　ms
　　　设置　1　号电动机以　3　挡速度　顺时针转
　　　延时　1000　ms
　　　设置　1　号电动机以　8　挡速度　顺时针转
　　　延时　1000　ms

图 15-8　LED 灯带逐渐变亮程序

（6）编写一个使 LED 灯带闪烁的程序，程序如图15-9所示。

🟠 拓展提高

教师组织学生进行灯光、声音程序创意赛，看一看哪一组编写的程序更有创意。

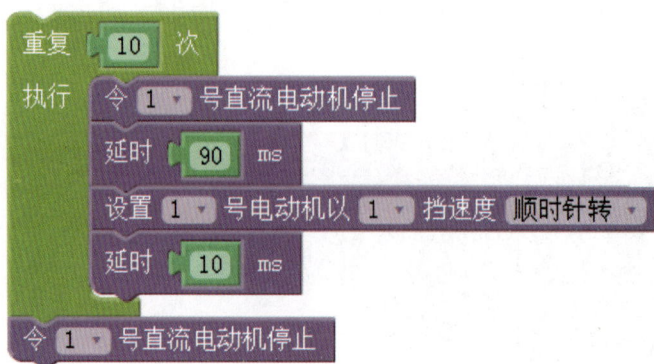

图 15-9　LED 灯带闪烁程序

分享交流

1. 今天你学到了哪些编程知识？

2. 评价你今天的表现，有哪些优点和需要改进的地方。

知识汇总

1. 什么是输入设备？什么是输出设备？

输入设备：向计算机输入数据和信息的设备。输入设备是人或外部与计算机进行交互的一种装置，用于把原始数据和处理这些数据的程序输入计算机中。

输出设备：是计算机硬件系统的终端设备，用于接收计算机数据的输出显示、打印、声音、控制外围设备操作等。输出设备把各种计算结果数据或信息以数字、字符、图像、声音等形式表现出来。

2. 常见的输入设备和输出设备有哪些？

常见输入设备：键盘、鼠标、手写板、话筒等。

常见输出设备：显示器、打印机、音箱等。

整理教具

课程结束前，能否将零件分类并收归到指定位置，是检验你可否成为一个小创客的标准之一，同学们可以开始收捡教具了。（10 分钟之内收捡完毕，请记录你的收捡时间和情况，例如，如何分类、是否遗失了零件等。）

第 16 课

车辆上声光的输出

学习目标

（1）了解 LED 灯、蜂鸣器的用途；

（2）用 LED 灯带和蜂鸣器装饰车辆；

（3）通过创意编程提高学生学习编程的兴趣，通过小组合作的方式锻炼学生们的协作能力，通过交流经验提高学习效率和兴趣。

课前准备

（1）过马路时要注意什么呢？交通信号灯里闪烁的是什么呢？

（2）电梯是日常生活中常用到的工具。电梯是通过什么显示楼层的？

（3）门铃能发出什么样的响声？门铃为什么能发出声音？生活中还有和门铃一样可以发出声音的例子吗？

器材清单

课程所用器材清单如表 16-1 所示。

表 16-1　课程所用器材

序号	名　称	数目	序号	名　称	数目
1	平板电脑	若干	4	鼠标	若干
2	二级课程套件	1	5	蜂鸣器	1
3	LED 灯	1			

🔧 实践过程

第 15 课已经学习利用程序控制 LED 灯带和蜂鸣器了，本节课将利用 LED 灯带和蜂鸣器为车辆制作一个声光系统。

（1）分组搭建小车底盘，车辆外形不限；用 LED 灯带和蜂鸣器装饰小车，为小车安装声光系统。图 16-1 为装有 LED 灯带的坦克，图 16-2 所示为 LED 灯带的细节。

图 16-1　装有 LED 灯带的坦克

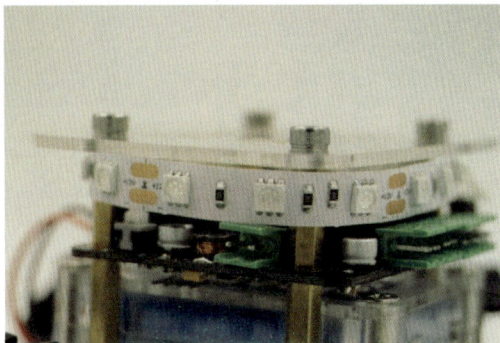

图 16-2　LED 灯带的细节

（2）根据上节课的编程经验，为小车的声光系统进行创意编程。

🔲 拓展提高

根据所学编程知识，对已安装声光系统的小车进行创意编程。如小车左转，LED 灯闪烁；小车停止，蜂鸣器响 3 声。（此种方式仅供参考，可根据自己的需求进行编程。）

🔄 分享交流

1. 今天你学到了哪些编程知识？

2. 评价你今天的表现，有哪些优点和需要改进的地方。

❌ 知识汇总

1. 什么是 LED

LED 是只要接通电源就可以发亮的电子配件，其光源较弱，使用寿命长，节约能源，非常环保。

2. 生活中的 LED

生活中使用 LED 的产品有手电筒、手机、电子显示屏、夜光发夹、LED 勋章等。

3. 什么是蜂鸣器

蜂鸣器是只要接通电源就可以发出声音的电子配件。蜂鸣器有一长一短两个引脚，长脚为正极，短脚为负极。

4. 生活中使用蜂鸣器的产品

生活中使用蜂鸣器的产品有门铃、闹钟、公交车刷卡器、警报器等。

🅔 整理教具

课程结束前，能否将零件分类并收归到指定位置，是检验你可否成为一个小创客的标准之一，同学们可以开始收捡教具了。（10 分钟之内收捡完毕，请记录你的收捡时间和情况，例如，如何分类、是否遗失了零件等。）

第 17 课

制作弩机和用 iBlockly 编程控制弩机

🎯 学习目标

(1) 熟悉弩机的历史与结构；

(2) 通过利用套件搭建弩机的基本结构，使学生能够直观地了解弩机的结构；

(3) 体验动手创作的乐趣，并能用创客的思维看待各种创客作品。

（本课视频）

📖 课前准备

弩最早由中国创造，据《古考史》《太平御览》等许多文献中记载，弩早在商周时就已广泛应用，大约 1100 年后才传到欧洲。

十字弓是中国弩弓在欧洲的称呼。著名的庞涓所率大军就是中了孙膑的弩阵埋伏而全军覆没。将十字弓威名远播于西方世界的是欧洲十字军战士。在十字军东征的两个多世纪，最重要的兵器改进就是十字弓。十字弓是欧洲中世纪最有效的骑士杀手。十字弓是传统弓箭的变形，这种远程武器只需一些训练就可以掌握。与普通弓相比，十字弓使用简单、成本低廉，杀伤力却大增。它射程更远，穿透力更大，在流行欧洲大陆前期，使骑士的锁子甲几乎完全失效，促进了硬盔甲的发展。十字弓手还可从城墙、灌木丛或其他掩体后，发动远距离攻击和偷袭，有的西方考古学家因此将狙击手的起源推前了几百年。

有了十字弓，一个农夫仅需几小时练习就能杀死一名身披重甲的骑士，这对从 7 岁就开始受训、经过 14 年磨炼才能获得封衔的骑士有失公平,因此,欧洲骑士团多次要求教会禁止使用这种武器。

器材清单

课程所用器材清单如表 17-1 所示。

表 17-1　课程所用器材

序号	名　　称	数目	序号	名　　称	数目
1	平板电脑	若干	3	鼠标	若干
2	二级课程套件	1			

实践过程

下面要制作弩机,请发挥你的想象力与创造力,搭建一个可以发射"炮弹"的弩机。请在下方空白处简要画出你的设计图,写出你的设计思路。(可参考图 17-1 和图 17-2 所示结构进行设计,也可参考教学视频。)

图 17-1　弩机实物

图 17-2　弩机参考结构

1. 你的设计图

2. 你的设计思路

拓展提高

运用 iBlockly 程序驱动弩机，会用到什么程序模块呢？尝试在纸上列举出来，并说出这些模块的作用。

分享交流

1. 简述你是如何搭建弩机的。在搭建过程中你遇到了哪些问题？你是如何解决的？

2. 评价你今天的表现，有哪些优点和需要改进的地方。

知识汇总

弩机的使用方法：使用时，将张弦装箭和纵弦发射分解为两个单独动作，无须在用力张弦的同时瞄准，比弓的命中率显著提高。还可借助臂力之外的其他动力（如足踏）张弦，能达到比弓更远的射程。

整理教具

课程结束前，能否将零件分类并收归到指定位置，是检验你可否成为一个小创客的标准之一，同学们可以开始收捡教具了。（10 分钟之内收捡完毕，请记录你的收捡时间和情况，例如，如何分类、是否遗失了零件等。）

二、用 iBlockly 编程控制弩机

学习目标

(1) 运用 iBlockly 控制弩机进行"射击"比赛；
(2) 学习新的程序模块，并能够自己编写程序；
(3) 培养学生自主探索知识的能力。

📖 课前准备

（1）是否可以用编程控制弩机发射"炮弹"呢？

（2）将上节课总结出来的编程模块组合成一些简单的程序，并尝试是否可用。

📊 器材清单

课程所用器材清单如表 17-2 所示。

表 17-2　课程所用器材

序号	名　称	数目	序号	名　称	数目
1	平板电脑	若干	3	弩机	1
2	鼠标	若干	4	纸团	若干

🔧 实践过程

（1）认识新模块，如图 17-3 所示。

（2）参照视频进行基本的程序编写。

（3）编写一个程序，使自己的弩机性能更强。参考程序如图 17-4 所示。

图 17-3　"重复当"编程模块

图 17-4　控制弩机参考程序

🔲 拓展提高

用纸巾制作"炮弹"，由教师摆放靶子，学生分组进行"打靶比赛"，打中最多者获胜。

分享交流

1. 简述你在编写程序过程中遇到了哪些问题？你是如何解决的？

2. 评价你今天的表现，有哪些优点和需要改进的地方。

知识汇总

最常用到的模块汇总如下。

（1）设置几号电动机的运行，模块如图 17-5 所示。

设置 1 号直流电动机以 1 挡速度 顺时针转

图 17-5 控制电动机运行模块

（2）令电动机停止运行，模块如图 17-6 所示。

令 1 号直流电动机停止

图 17-6 令电动机停止模块

（3）重复执行某个程序，模块如图 17-7 所示。

（4）延时执行某个程序，模块如图 17-8 所示。

重复 10 次
执行 设置 1

图 17-7 重复执行模块

延时 1000 ms

图 17-8 延时执行模块

整理教具

课程结束前，能否将零件分类并收归到指定位置，是检验你可否成为一个小创客的标准之一，同学们可以开始收捡教具了。（10 分钟之内收捡完毕，请记录你的收捡时间和情况，例如，如何分类、是否遗失了零件等。）

第 18 课

制作泡泡机和用 iBlockly 编程控制泡泡机

一、制作泡泡机

🔺 学习目标

(1) 利用套件搭建泡泡机的基本结构;

(2) 让学生设计泡泡机并进行制作,培养学生运用所学知识解决实际问题的能力;

(3) 通过泡泡机设计与制作的全过程,让学生体验解决问题的曲折与艰辛,培养学生探索、思考与合作的科学精神。

(本课视频)

📖 课前准备

(1) 同学们有没有玩过吹泡泡的游戏? 你们是怎么玩的?

(2) 吹泡泡要将吹泡泡棒蘸上泡泡液,再轻轻地吹,泡泡就会吹出来,然后重复这个动作。如果这一系列动作要用机器完成该怎么做呢? 需要哪些零件和材料呢?

▦ 器材清单

课程所用器材清单如表 18-1 所示。

表 18-1　课程所用器材

序号	名　　称	数目	序号	名　　称	数目
1	平板电脑	若干	3	鼠标	若干
2	二级课程套件	1			

实践过程

下面制作自动吹泡泡机，请发挥你的想象力与创造力，搭建一个可以自动吹泡泡的装置。请在下方空白处简要画出你的设计图，写出你的设计思路。（可参考图 18-1 所示结构进行设计，也可参考教学视频。）

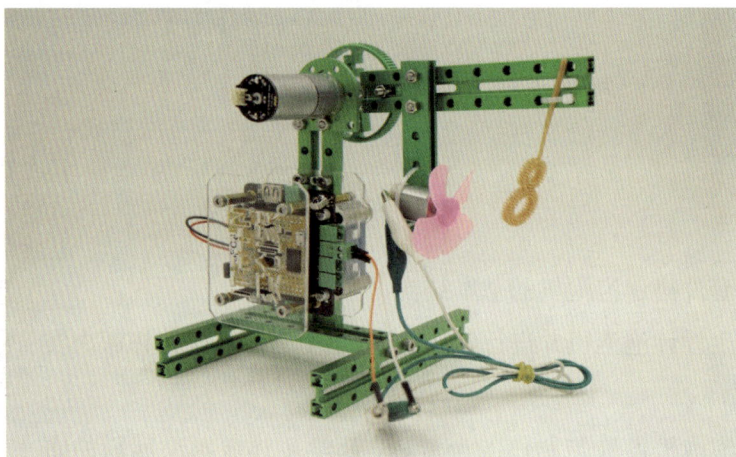

图 18-1　自动吹泡泡机成品

1. 你的设计图

2. 你的设计思路

拓展提高

每个人的吹泡泡机可以是不一样的，请同学们试一试如何改装，要求可以自动吹泡泡。

⮂ 分享交流

1. 简述你是如何搭建泡泡机的。在搭建过程中你遇到了哪些问题？你是如何解决的？

2. 评价你今天的表现，有哪些优点和需要改进的地方。

✖ 知识汇总

安装吹泡泡机并实现编程，控制其吹泡泡的思路如下。

要做一个自动吹泡泡机，应先分析吹泡泡的步骤：首先将吹泡泡的工具从瓶子里拿出，接着轻轻地吹，泡泡就会吹出来，然后重复这个动作。这一系列动作用机器完成，该怎么做呢？

将吹泡泡的工具固定在一根梁上，然后用电动机控制这根梁的上下运动，这样就能实现蘸泡泡液这个动作。接下来就该吹泡泡了。既然是吹泡泡，那么就需要有风，再装一个风扇是必不可少的。同学们可以根据上述的分析结果来制作一个自动吹泡泡机。

✎ 整理教具

课程结束前，能否将零件分类并收归到指定位置，是检验你可否成为一个小创客的标准之一，同学们可以开始收拾教具了。（10分钟之内收拾完毕，请记录你的收拾时间和情况，例如，如何分类、是否遗失了零件等。）

二、用 iBlockly 编程控制泡泡机

⮝ 学习目标

（1）学生进行创意编程，使泡泡机实现自动吹泡泡功能；

（2）学生通过尝试，改进吹泡泡机的实验效果；

（3）使学生养成发现问题、解决问题的习惯。

📖 课前准备

如果想改进自动泡泡机吹泡泡的实验效果，可以怎么做？

（1）把泡泡瓶的孔径扩大；

（2）增加吹泡泡工具的数量。

📋 器材清单

课程所用器材清单如表 18-2 所示。

表 18-2　课程所用器材

序号	名　　称	数目	序号	名　　称	数目
1	平板电脑	若干	3	鼠标	若干
2	泡泡机	1			

🔧 实践过程

同学们都知道如何让小风扇转动起来，那么可以设置一个装置来控制泡泡机吹泡泡。（自己尝试写出相关程序，教学视频仅供参考。）

（1）让电动机带动风扇转动，参考程序如图 18-2 所示。

设置 1 ▼ 号电动机以 1 ▼ 挡速度 顺时针转 ▼

图 18-2　让风扇转动程序

（2）延迟让风扇转动（可唱歌），参考程序如图 18-3 所示。

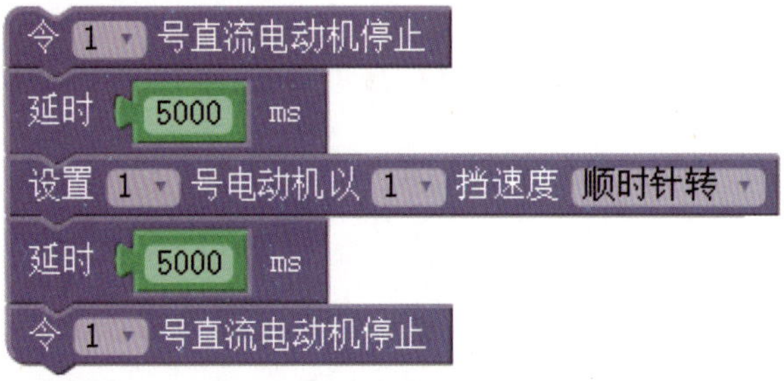

令 1 ▼ 号直流电动机停止

延时 5000 ms

设置 1 ▼ 号电动机以 1 ▼ 挡速度 顺时针转 ▼

延时 5000 ms

令 1 ▼ 号直流电动机停止

图 18-3　让风扇延迟转动程序

（3）调整电动机转速，参考程序如图 18-4 所示。

图 18-4　调整电动机转速程序

（4）编程控制横梁抬起和放下，参考程序如图 18-5 所示。

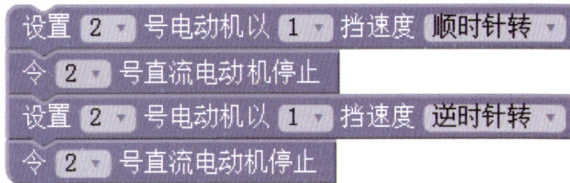

图 18-5　控制横梁动作程序

（5）蘸泡泡水后拔出，风扇转动，参考程序如图 18-6 所示。

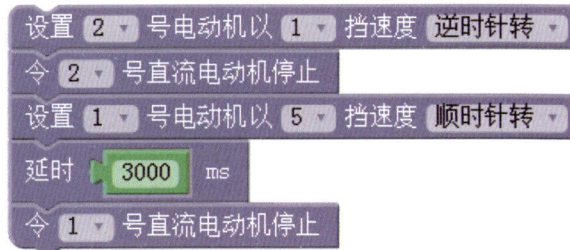

图 18-6　控制风扇转动程序

（6）循环执行风扇转动，参考程序如图 18-7 所示。

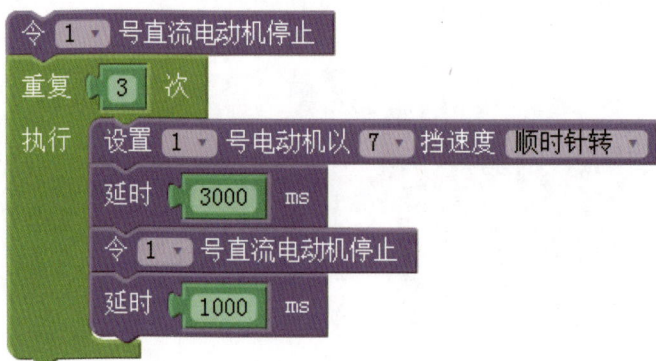

图 18-7　风扇循环转动程序

拓展提高

已经学会了用编程控制泡泡机，现在分组讨论并进行实验，实现唱三句生日快乐歌后风扇自动吹泡泡的功能。

分享交流

1. 你用到了哪些程序模块，它们的作用分别是什么？

2. 你的泡泡机可以流畅地吹出泡泡吗？你的泡泡机有需要改进的地方吗？

知识汇总

泡泡的形成：泡泡是由于水的表面张力而形成的。水面的水分子间的相互吸引力比水分子与空气之间的吸引力强，这些水分子就像被黏在一起一样。但如果水分子之间过度黏合在一起，泡泡就不易形成了。肥皂"打破"了水的表面张力，它把表面张力降低到只有通常状况下的 1/3，这正是吹泡泡所需的最佳张力。

整理教具

课程结束前，能否将零件分类并收归到指定位置，是检验你可否成为一个小创客的标准之一，同学们可以开始收捡教具了。（10 分钟之内收捡完毕，请记录你的收捡时间和情况，例如，如何分类、是否遗失了零件等。）

第 19 课
画画机器人

学习目标

（1）让学生体验通过编写程序解决实际问题的快乐，培养学生善于独立思考与合作的科学精神；

（2）使用 iBlockly 程序控制机器人画画；

（3）在实际操作中学习可视化编程，熟练掌握循环模块、条件模块的应用。

课前准备

前面认识了哪些程序模块，它们的作用是什么？

器材清单

课程所用器材清单如表 19-1 所示。

表 19-1　课程所用器材

序号	名　称	数目	序号	名　称	数目
1	平板电脑	若干	3	鼠标	若干
2	二级课程套件	1	4	画笔	1

实践过程

下面制作画画机器人，请发挥你的想象力与创造力，搭建一个可以画画的机器人。

请在下方空白处简要画出你的设计图，写出你的设计思路。（可参考图 19-1 所示结构进行设计，也可参考教学视频。）

图 19-1　画画机器人参考结构

1. 搭建车辆

画画机器人制作起来非常简单，前面的课程中学习过如何搭建坦克，本课还需要用到坦克底盘。

2. 编程控制机器人作画

（1）使机器人动起来，参考程序如图 19-2 所示。

（2）简单的改变画画方式（即改变机器人的运动轨迹），参考程序如图 19-3 所示。

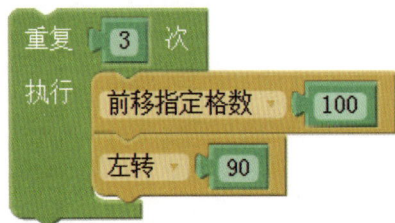

图 19-2　控制机器人运动程序

图 19-3　改变运动轨迹程序

（3）完善机器人的画画方式，参考程序如图 19-4 所示。

🔶 拓展提高

请用程序控制画画机器人，使其画出一个最简单的方形。

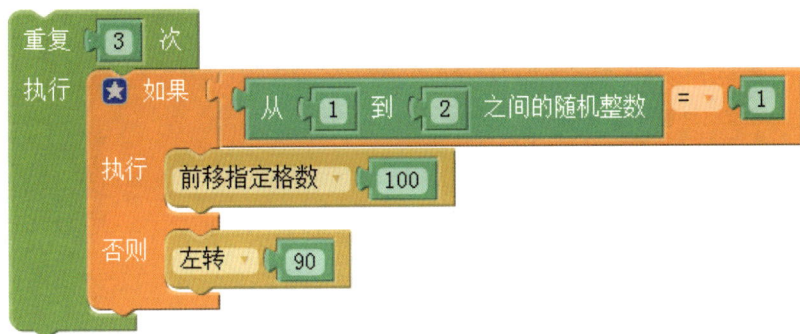

图 19-4　完整画画方式程序

⤷ 分享交流

1. 通过本课学到了哪些编程知识？

2. 评价你今天的表现，有哪些优点和需要改进的地方。

✖ 知识汇总

iBlockly 程序中的模块（可更改可变数值进行尝试）如下：

1. 数学模块

在 iBlockly 程序中，"数学"选项中有一个如图 19-5 所示的模块，这是一个判断是否是随机数的模块。

图 19-5　判断随机数模块

图 19-6 所示程序含义为：如果在 1～100 的随机整数等于 1 时，那么就执行前移指定格数为 100 的指示。不满足条件就执行左转 90°的指示。

2. 逻辑模块

逻辑模块的含义是如果满足某个条件，那么就执行这个程序。模块如图 19-7 所示。

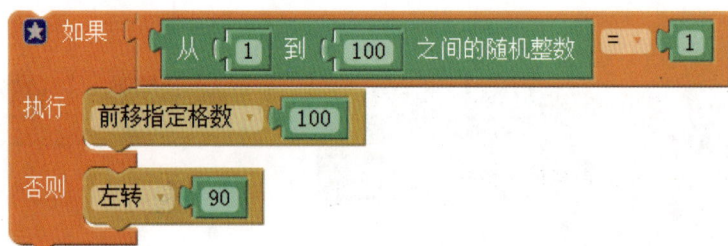

图 19-6　参考程序

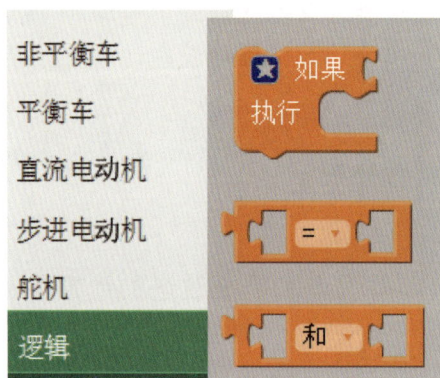

图 19-7　逻辑模块

整理教具

　　课程结束前，能否将零件分类并收归到指定位置，是检验你可否成为一个小创客的标准之一，同学们可以开始收捡教具了。（10 分钟之内收捡完毕，请记录你的收捡时间和情况，例如，如何分类、是否遗失了零件等。）

第 ⑳ 课

运输机器人和用 iBlockly 编程控制运输机器人

一、运输机器人

学习目标

(1) 认识机器人,了解机器人的现状;

(2) 让学生发挥创造力,积极动手实践;发挥联想,以机器人结合生活应用,参与讨论;

(3) 开阔视野,激发对科技的兴趣,热爱生活。

(本课视频)

课前准备

到目前为止,人们对机器人还没有一个权威而又确切的定义,但"机器人是自动工作的机器"这种说法还是被人们广泛地接受。如此来说,在我们身边到处都有机器人的存在。例如,家中的电饭煲、豆浆机、洗衣机、各种防盗报警器、出租车的计价器等。既然机器人是自动工作的机器,那么利用机器人就可以为人们的生产、生活服务。当今,机器人的应用已经涉及工业、农业、科研、航空、军事等领域,机器人的足迹遍布陆地、海洋、天空,甚至在浩瀚的太空中也能看到它的身影。

机器人要按照人们的意图进行工作,它就必须有存放程序的存储器;为获取工作环境的信息就要有传感器(输入设备);对获取的信息进行运算和处理,根据程序设计的工作步骤发出控制指令,就要有 CPU(中央处理器);经过处理的信息要转化成输出声音、图像或是动作,就需要执行机构(输出设备);人们为完成某一特定的任务,给机器人编写的操作系统和应用程序。这样看来机器人实际是一个完整的计算机系统。机器人是一个集多个学科为一体的高科技产物，随着通信、网络、材料等各种高新技术的加入，使机器人变得越来越聪明，功能越来越强大。机器人技术给人们带来了巨大的利益，也成了衡量各国科技发展水平的标志。

器材清单

课程所用器材清单如表 20-1 所示。

表 20-1　课程所用器材

序号	名　　　称	数目	序号	名　　　称	数目
1	平板电脑	若干	3	鼠标	若干
2	二级课程套件	1			

实践过程

本节课要制作一个运输机器人，它是一种主要为载运货物而设计的智能车辆。这种机器人要有强大的装载能力，即要设计一个装载装置安装在车辆上，至于这个装置如何设计，就需要同学们发挥自己的创造力了。请在下方空白处简要画出你的设计图，写出你的设计思路。（可参考图 20-1 所示结构进行设计，也可参考教学视频。）

图 20-1　运输机器人参考结构

1. 你的设计图

2. 你的设计思路

拓展提高

控制运输机器人参加运输大赛,需要用到哪些编程模块呢?

分享交流

1. 简述你是如何搭建运输机器人的。在搭建过程中你遇到了哪些问题? 你是如何解决的?

2. 评价你今天的表现,有哪些优点和需要改进的地方。

知识汇总

1. 同学们所见过的机器人有哪些?

　　服务机器人可以为人们治病、保洁、保安;水下机器人可以帮助打捞沉船、铺设电缆;工程机器人可以上山入地、开凿隧道;农业机器人可以耕耘播种、施肥除虫;军用机器人可以侦察打击、排雷排弹……

2. 机器人能为我们做些什么?

　　在现实生活中,有些工作会对人体造成伤害,例如,喷漆、重物搬运等;有些工作要求质量很高，人难以长时间胜任，例如，汽车焊接、精密装配等；有些工作环境恶劣，人无法进入，例如火山探险、深海探密、空间探索等……一些人类干不了或干不好的工作领域便成了机器人大显身手的舞台。

3. 为什么要创造机器人？

制作机器人的目的是为人类服务。机器人能帮助人们解决一些比较困难或者无法解决的问题，如深海探密、空间探索等。

整理教具

课程结束前，能否将零件分类并收归到指定位置，是检验你可否成为一个小创客的标准之一，同学们可以开始收捡教具了。（10 分钟之内收捡完毕，请记录你的收捡时间和情况，例如，如何分类、是否遗失了零件等。）

二、用 iBlockly 编程控制运输机器人

学习目标

（1）了解什么是机器人以及机器人的作用；
（2）运用 iBlockly 编写一个可以控制运输机器人的程序并完成比赛；
（3）培养学生独立思考的习惯和团队协作的能力。

课前准备

（1）什么是机器人？

机器人是自动控制机器，它包括一切模拟人类行为或思想和模拟其他生物的机械装置（如机器狗、机器猫等）。机器人技术作为 20 世纪人类最伟大的发明之一，从 60 年代初问世以来，经历四十多年的发展，已取得了长足的进步。在制造业中，工业机器人已成为必不可少的核心装备。机器人的高速发展，提高了社会生产水平和人类的生活质量。

（2）为运输机器人编写一个程序，人机配合完成运输比赛。

器材清单

课程所用器材清单如表 20-2 所示。

表 20-2　课程所用器材

序号	名　　称	数目	序号	名　　称	数目
1	平板电脑	若干	3	鼠标	若干
2	小球	若干			

实践过程

请设计一个的程序,使机器人完成以下任务:运输机器人停在起点,人们往车里装货物;装满货物后,运输机器人出发;到达终点后,运输机器人停留一段时间,利用这段时间开始卸货;卸货完成后,机器人向后转,回到起点。参考程序如图 20-2 所示。

注:小车前进距离、旋转角度、停留时间需要进行实际测试,然后再在程序中确定数值。

除了让运输机器人向后转回到起点,还可以让运输机器人向后退回到起点,完成比赛。参考程序如图 20-3 所示。

图 20-2　机器人的前进、转向控制　　　　图 20-3　机器人的前进与后退

注:以上程序仅供参考,编写程序没有标准答案,同学们可根据自己的想法完成程序编写。

拓展提高

运输比赛:学生在起点装载货物,完成装载后,启动程序,运输机器人到达终点后,学生卸货,然后运输机器人回到起点,比赛结束。判定获胜的标准为:一次性运输货物最多者为胜。(起点、终点之间的距离由教师自行设定。)

分享交流

1. 你用到了哪些程序模块，它们的作用分别是什么？

2. 评价一下你的比赛情况。你的运输机器人有需要改进的地方吗？

知识汇总

　　运输机器人也称搬运机器人，它是可以进行自动化搬运作业的工业机器人。最早的搬运机器人出现在 1960 年的美国。搬运机器人可安装不同的末端执行器以完成各种不同形状和状态的工件搬运工作，大大减轻了人类繁重的体力劳动。世界上使用的搬运机器人逾 10 万台，被广泛应用于机床上下料、冲压机自动化生产线、自动装配流水线、码垛搬运、集装箱等自动搬运。部分发达国家已制定人工搬运的最大限度，超过限度的搬运工作必须由搬运机器人来完成。

整理教具

　　课程结束前，能否将零件分类并收归到指定位置，是检验你可否成为一个小创客的标准之一，同学们可以开始收捡教具了。（10 分钟之内收捡完毕，请记录你的收捡时间和情况，例如，如何分类、是否遗失了零件等。）

第 21 课

相扑机器人和用 iBlockly 编程控制相扑机器人

一、相扑机器人

学习目标

（1）了解相扑运动；
（2）利用套件搭建相扑机器人的基本结构，让学生自由发挥；
（3）体验动手创作的乐趣，并能用创客的思维看待各种创客作品。

（本课视频）

课前准备

相扑是一种类似摔跤的体育活动，秦汉时期称角抵，南北朝到南宋时期称相扑，现为一种流行于日本的摔跤运动。日本的相扑最早出现于公元前 23 年，当时只是一种类似草原民族的摔跤方式，还没有正式名字。南北朝时期日本引进汉字时，将日式摔跤称为"相扑"。

中国的相扑（中式摔跤），古称素舞，由两名大力士裸露上身，互相角力。

日本有关相扑比较确切的文字记载是 8 世纪初编纂的《日本书纪》。书中记述第 35 代天皇（641—645 年）为了接待古代朝鲜百济国使者，召集了宫廷卫士举行相扑竞赛。后来相扑成为日本的国技、日本的国际性格斗术和体育运动。作为专业竞技项目，在日本国内称作大相扑。

器材清单

课程所用器材清单如表 21-1 所示。

表 21-1　课程所用器材

序号	名　　称	数目	序号	名　　称	数目
1	平板电脑	若干	3	鼠标	若干
2	二级课程套件	1			

实践过程

本节课要制作一个相扑机器人。请在下方空白处简要画出你的设计图，写出你的设计思路。（可参考图 21-1 所示结构进行设计，也可参考教学视频。）

图 21-1　相扑机器人参考结构

1. 你的设计图

2. 你的设计思路

🔲 拓展提高

控制相扑机器人参加"相扑"大赛,需要用到哪些编程模块呢?

⤵ 分享交流

1. 简述你是如何搭建相扑机器人的。在搭建过程中你遇到了哪些问题? 你是如何解决的?

2. 评价你今天的表现,有哪些优点和需要改进的地方。

✖ 知识汇总

相扑机器人的搭建技巧:相扑机器人需要重量和力量,可以用履带车作为相扑机器人底盘,既能增加重量又能增加摩擦力。相扑机器人的手臂可以自由发挥。

ℯ 整理教具

课程结束前,能否将零件分类并收归到指定位置,是检验你可否成为一个小创客的标准之一,同学们可以开始收捡教具了。(10分钟之内收捡完毕,请记录你的收捡时间和情况,例如,如何分类、是否遗失了零件等。)

二、用 iBlockly 编程控制相扑机器人

⬆ 学习目标

(1) 掌握一定的程序模块,并能够熟练运用;

(2) 运用 iBlockly 编写一个可以控制相扑机器人的程序,并完成比赛;

(3) 考验学生的知识运用能力和团队合作能力。

课前准备

（1）请到黑板前写出控制小车走正方形的程序。

（2）尝试控制多个电动机的程序。

（3）可为相扑机器人编写一个程序，人机配合完成"相扑"比赛。也可用遥控器直接控制机器人进行比赛。

器材清单

课程所用器材清单如表 21-2 所示。

表 21-2　课程所用器材

序号	名　　称	数目	序号	名　　称	数目
1	平板电脑	若干	3	鼠标	若干
2	相扑机器人	1	4	遥控器	1

实践过程

观看教学视频，了解相扑机器人的比赛规则，然后改装自己的相扑机器人，进行"相扑"比赛。比赛图解如图 21-2～图 21-4 所示。

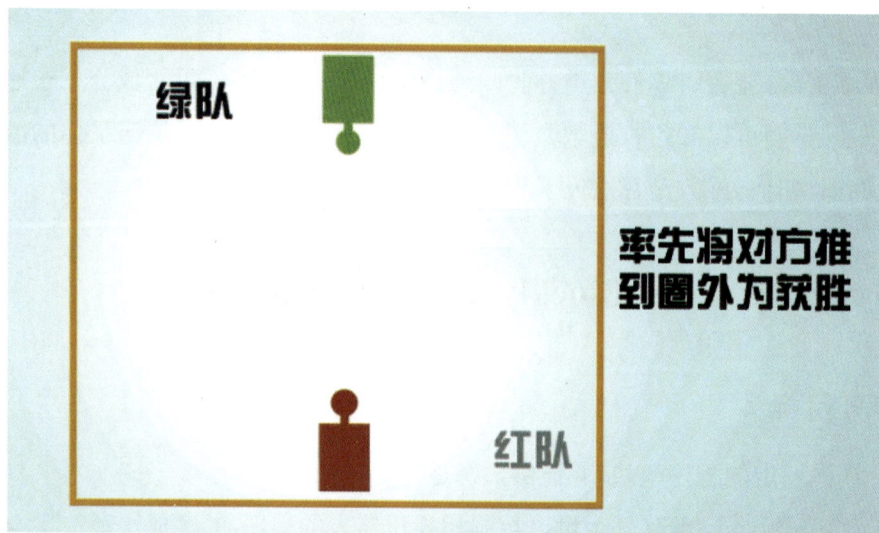

图 21-2　"相扑"比赛图解 1

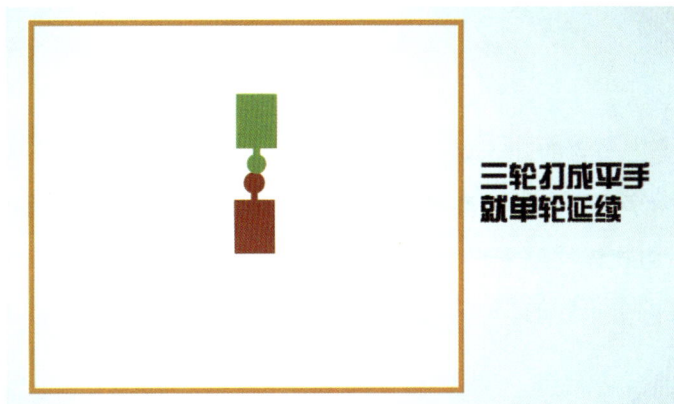

图 21-3　"相扑"比赛图解 2

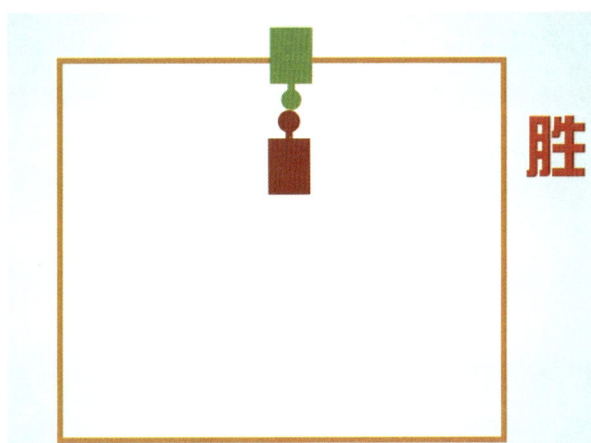

图 21-4　"相扑"比赛图解 3

🔶 拓展提高

　　在规定时间内看谁的机器人可以率先将对方推出圈外,最终留在场内的为获胜。如果双方在三轮之内打成了平手,就单轮的往下延续直到决出胜负,看哪个队能取得最终的胜利。

🔶 分享交流

1. 你用到了哪些程序模块? 它们的作用分别是什么?

2. 评价一下你的比赛情况。你的相扑机器人有需要改进的地方吗?

⊗ 知识汇总

相扑运动比赛中蕴含的知识如下。

相互作用力为宇宙存在的自然基本力之一，它成立的条件：只要一个物体对另一个物体施加了力，受力物体反过来也肯定会给施力物体施加一个力。这两个力大小相等、方向相反，作用在两个不同的物体上，且作用在同一直线上。相扑机器人在对抗时，就体现了这一原理。

📖 整理教具

课程结束前，能否将零件分类并收归到指定位置，是检验你可否成为一个小创客的标准之一，同学们可以开始收捡教具了。（10 分钟之内收捡完毕，请记录你的收捡时间和情况，例如，如何分类、是否遗失了零件等。）

第 22 课

制作相扑运输机器人

学习目标

（1）综合应用已学课程；

（2）利用套件搭建相扑运输机器人，让学生自由发挥；

（3）体验动手创作的乐趣，并能用创客的思维看待各种创客作品。

课前准备

相扑机器人需要重量和力量，可以用履带车作为相扑机器人底盘，既能增加重量，又能增加摩擦力。相扑机器人的手臂可以自由发挥。同时这个机器人还要有装载能力，学生需要设计一个装载装置安装在一个合适的地方。

器材清单

课程所用器材清单如表 22-1 所示。

表 22-1　课程所用器材

序号	名　　称	数目	序号	名　　称	数目
1	平板电脑	若干	3	鼠标	若干
2	二级课程套件	1			

实践过程

通过前面的课程学习，已经掌握了相扑机器人与运输机器人的制作方法，本节课要想办法把相扑机器人与运输机器人组合成一个多功能机器人。请在下方空白处简要画出你的设计图，写出你的设计思路。（可参考图 22-1 所示结构进行设计，也可参考教学视频。）

图 22-1　相扑运输机器人参考结构

1. 你的设计图

2. 你的设计思路

分享交流

1. 简述你是如何搭建相扑运输机器人的。在搭建过程中你遇到了哪些问题？你是如何解决的？

2. 评价你今天的表现,有哪些优点和需要改进的地方。

⊗ 知识汇总

相扑运输机器人的车体支架为履带车,那么车体为什么能够在不同的路况下运行呢?

因为履带车底盘的履带可以增加与平面间的摩擦力。

阻碍物体相对运动(或相对运动趋势)的力叫作摩擦力。摩擦力分为静摩擦力、滚动摩擦力、滑动摩擦力3种。

⊜ 整理教具

课程结束前,能否将零件分类并收归到指定位置,是检验你可否成为一个小创客的标准之一,同学们可以开始收捡教具了。(10分钟之内收捡完毕,请记录你的收捡时间和情况,例如,如何分类、是否遗失了零件等。)

第 23 课

相扑运输机器人比赛

学习目标

（1）运用 iBlockly 编写一个可以控制相扑运输机器人的程序，并完成比赛；

（2）考查学生的知识运用能力、独立思考的能力。

课前准备

（1）分组回顾本学期所学的编程模块，看哪个组记得最多。

（2）可为相扑运输机器人编写一个程序，人机配合完成"运输相扑"比赛。也可用遥控器直接控制机器人进行比赛。

器材清单

课程所用器材清单如表 23-1 所示。

表 23-1　课程所用器材

序号	名　称	数目	序号	名　称	数目
1	平板电脑	若干	3	鼠标	若干
2	相扑机器人	1	4	遥控器	1

实践过程

观看教学视频，了解相扑运输机器人的比赛规则，然后改进自己的相扑运输机器人，参加"运输相扑"比赛。比赛图解如图 23-1～图 23-3 所示。

图 23-1 "运输相扑"比赛图解 1

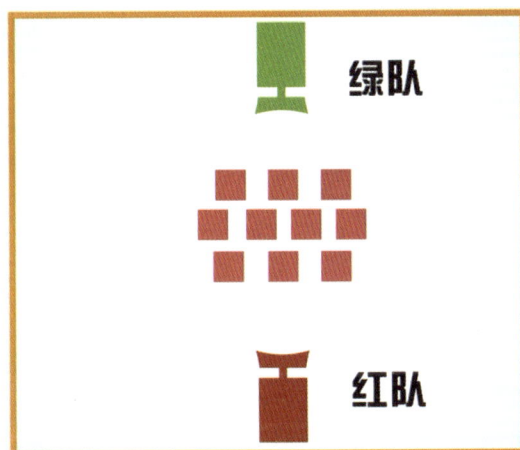

图 23-2 "运输相扑"比赛图解 2

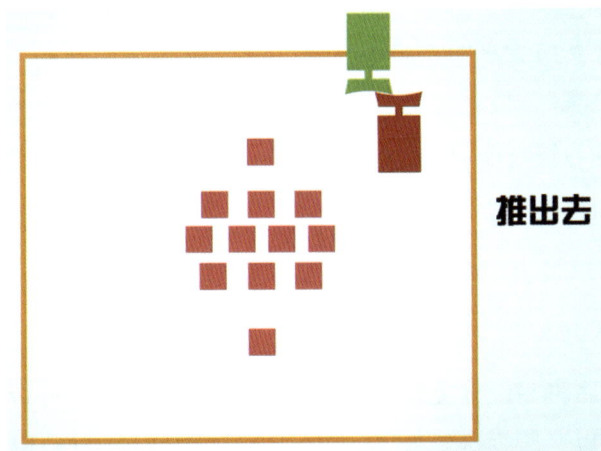

图 23-3 "运输相扑"比赛图解 3

拓展提高

两队中间放置运输物品，比赛开始指令下达后，双方首先要控制车辆至运输物品并装载，然后两队开始"相扑"较量。在规定时间内，看谁的机器人可以率先将对方推出圈外，最终留在场内的为获胜。如果双方在三轮之内打成了平手，就单轮的往下延续直到决出胜负，看哪个队能取得最终的胜利。

分享交流

1. 评价你的比赛情况。你的相扑运输机器人有需要改进的地方吗？

2. 谈一谈本学期你的收获。

知识汇总

本书学到的知识与能力：（由学生补充总结）

（1）认识 iBlockly 编程模块，能够写出控制装置运行的程序。

（2）车辆、灯光的交互控制。

（3）什么是输入设备和输出设备，并能够列举出生活中的实例。

（4）泡泡的形成是由于水的表面张力。

（5）摩擦力的分类。

（6）团结协作的习惯与能力。

（7）独立思考与自主动手的能力。

整理教具

课程结束前，能否将零件分类并收归到指定位置，是检验你可否成为一个小创客的标准之一，同学们可以开始收捡教具了。（10 分钟之内收捡完毕，请记录你的收捡时间和情况，例如，如何分类、是否遗失了零件等。）